Louis Carlen
Recht zwischen Humor und Spott

Schriftenreihe
der
Juristischen Gesellschaft zu Berlin

Heft 131

W DE G

1993
Walter de Gruyter · Berlin · New York

Recht zwischen Humor und Spott

Von
Louis Carlen

Vortrag
gehalten vor der
Juristischen Gesellschaft zu Berlin
am 21. April 1993

W
DE
G

1993
Walter de Gruyter · Berlin · New York

Dr. iur. *Louis Carlen,*
Universitätsprofessor an der Universität Fribourg / Schweiz

⊗ Gedruckt auf säurefreiem Papier,
das die US-ANSI-Norm über Haltbarkeit erfüllt.

Die Deutsche Bibliothek – CIP-Einheitsaufnahme

Carlen, Louis:
Recht zwischen Humor und Spott : Vortrag gehalten vor der
Juristischen Gesellschaft zu Berlin am 21. April 1993 / von
Louis Carlen. – Berlin ; New York : de Gruyter, 1993
    (Schriftenreihe der Juristischen Gesellschaft zu Berlin ; H. 131)
    ISBN 3-11-014123-X
NE: Juristische Gesellschaft ⟨Berlin⟩ : Schriftenreihe der Juristischen
Gesellschaft e. V. Berlin

Printed in Germany
Satz und Druck: Saladruck, Berlin
Buchbinderische Verarbeitung: Dieter Mikolai, Berlin

I. Iherings „Scherz und Ernst in der Jurisprudenz"

In den Jahren 1860–1866 erschienen in der „Preußischen", später „Deutschen Gerichtszeitung" sechs „Vertrauliche Briefe über die heutige Jurisprudenz. Von einem Unbekannten"[1]. Im ersten Brief beschwört der Briefschreiber die Redaktion ja den Schleier über seinem Namen nicht zu lüften. Später aber wurde dieser doch bekannt: es war Rudolf von Ihering (1818–1892), eine der großen Leuchten am Berliner Juristenhimmel des letzten Jahrhunderts, damals Professor für römisches Recht in Gießen[2]. Ihering will in diesen Briefen das Recht von der heiteren Seite aus betrachten und den juristischen Leser zum Schmunzeln bringen. „Und wäre die Jurisprudenz noch viel trockener, als sie es ist", schreibt er, „sollte sie nicht z. B. über die Rechte des schwachen Geschlechts nach preußischem Landrecht, die Privilegien der Damen nach römischem Rechte und sonstige interessante Themata ein Brief schreiben lassen, den ein wohlbestallter Kreisrichter, Obergerichtsanwalt und selbst ein Oberappellations- und Geheimer Obertribunalsrat in seinen Nebenstunden zur Hand nehmen dürfte ...?"[3]

Wir haben hier den Versuch eines prominenten Juristen, der sonst dem Recht „im Ernst" verbunden war, diesem „im Scherz" zu begegnen. Freilich nutzt er die Gelegenheit, um seinem Stand einen Spiegel vorzuhalten, ihn zum Lachen zu bringen, aber auch um manchem Kollegen einen Seitenhieb zu verabreichen. So Adolf Friedrich Rudorff, über vierzig Jahre Professor in Berlin (1829–1873)[4], von dem Ihering berichtet: Als er verreist war, reinigte das Dienstmädchen dessen Studierzimmer. Bei offenem Fenster fegte ein mächtiger Windstoß alle Schriften durcheinander. In einer halben Stunde ordnete das Dienstmädchen die römische Rechtsgeschichte neu, wobei es das Format, die Farbe, das Alter des Papiers und andere äußere Merkmale redlich berücksichtigte, „im übrigen aber ließ die Ordnerin ihren Genius frei walten und ordnete nach eigenem

---

[1] Preußische Gerichtszeitung III, 1861, Nr. 41; Deutsche Gerichtszeitung 1861, Nr. 85; IV, 1862, Nr. 55; V, 1863, Nr. 21, 35 f.; Deutsche Gerichtszeitung, Neue Folge, I, 1866, S. 309 ff., später in Buchform (13. Aufl. Leipzig 1924, Nachdruck unter dem Titel „Scherz und Ernst in der Jurisprudenz", Darmstadt 1988), nach welcher Ausgabe wir zitieren.

[2] Über ihn die Literatur bei G. Kleinheyer / J. Schröder, Deutsche Juristen aus fünf Jahrhunderten, Heidelberg ³1989, S. 139 f.

[3] Ihering, Scherz und Ernst, S. 4.

[4] Über Adolf Friedrich Rudorff (1803–1873) R. Stintzing / E. Landsberg, Geschichte der Deutschen Rechtswissenschaft, III/2, München–Berlin 1910, S. 462–465.

System". „Der Herr kam aus den Ferien zurück, las die angekündigte
römische Rechtsgeschichte, ganz als wenn nichts mit ihr vorgefallen wäre,
indem er täglich den nötigen Berg von Heftblättern zu sich steckte" und
dieses neue System vortrug und es auch in Form eines Grundrisses
herausgab[5]. Ihering bekennt: „Wenigstens kann ich mich bei der Lektüre
so mancher Schriften neuerer Autoren nicht des Verdachtes entwehren,
daß dieselben nicht von ihnen selber herrühren, sondern daß ein ver-
wünschtes altes Waschweib in unserer Literatur sein Unwesen treibt. ...
Könnten Sie nicht die juristische Gesellschaft in Berlin veranlassen, aufs
Einfangen des juristischen Waschweibes, das unter dem Namen juristischer Schriftsteller ihr Spiel treibt, eine Prämie zu setzen?"[6]
    Ihering macht sich z. B. lustig über „die civilistische Konstruktion" und
lästert: „Wer sich heute nicht auf die ‚civilistische Konstruktion' versteht,
der möge nur zusehen, wie er durch die Welt kommt; sowenig wie eine
Dame heutzutage ohne Krinoline zu erscheinen wagt, sowenig ein moder-
ner Civilist ohne Konstruktion"[7]. Zum Konstruieren aber muß man
spekulieren und, so Ihering, „Spekulation fängt da an, wo der gesunde
Menschenverstand aufhört; um sich ihr widmen zu dürfen, muß man
entweder nie Verstand gehabt oder ihn verloren haben"[8]. Doch im
„spezifisch juristischen Delirium"[9] ist nach ihm alles möglich. So ergießt
er seinen Spott über Pandektisten und Begriffsjurisprudenz und breitet
1880 als Göttinger Professor in den „Wiener Juristischen Blättern" (Jg. 11)
unter dem Titel „Plaudereien eines Romanisten" nochmals Ironie und
Spott über die Juristerei und die Juristen, von denen er an einer Stelle
professoral bemerkt: „Man kann die Juristen der heutigen Zeit in zwei
Klassen einteilen: diejenigen, die über Korrealobligationen geschrieben,
und die nicht darüber geschrieben haben"[10].

II. Gierkes „Humor im Recht"

Ist das Humor im Recht? Lassen Sie mich darauf zurückkommen,
nachdem wir einen Blick auf ein in der gleichen Periode erschienenes
kleines Buch eines anderen herausragenden Berliner Juristen geworfen
haben. Otto von Gierke (1841–1921), seit 1866 beim Germanisten Karl
Gustav Hoymer in Berlin habilitiert, veröffentlichte 1871 „Der Humor im
Recht", ein Büchlein, das er seinem Habilitationsvater widmete und das er

---

[5] Ihering, S. 54 ff.
[6] S. 98.
[7] S. 7.
[8] S. 34.
[9] S. 23.
[10] S. 8.

1866, ein Jahr bevor er mit ständig wachsendem Ruhm nach Berlin kam, als Heidelberger Professor nochmals herausgab. Franz Wieacker nennt es „die frühe, ein wenig gravitätische Studie …, ersichtlich im Wettbewerb mit Jacob Grimms schöner ‚Poesie im Recht'"[11].

Der Leser muß sich zuerst durch eine 20seitige Einleitung über die angeblichen Vorzüge des alten deutschen Rechts hindurchkämpfen, bis er zum sog. Humor kommt und zu Gierkes Feststellung: „Der Humor im Recht ist eine dem deutschen und aus deutscher oder doch germanischer Wurzel erwachsenen verwandten Rechte eigenthümliche Erscheinung. Zwar findet sich einzelnes Aehnliches auch in anderen Rechten, ja manches hierher Gehörige hat seine Wurzel im gemeinsamen Urrecht der germanischen Völker. Dann aber hat es doch im deutschen Recht stets eine besondere volkstümliche Wendung und Färbung erhalten"[12].

Als Beispiele für den Humor weist dann Gierke auf humoristisch gefärbte Ausdrücke der Rechtssprache und einzelne Rechtssprichwörter hin[13], auf die wir noch zurückkommen. Sind aber die Kuriositäten, die er vor allem aus Weistümern des deutschen Sprachraums vorführt, wirklich Humor im Recht? Wenn Gierke verschiedene Strafen aufzählt, die er als „humoristische Strafen" bezeichnet, mag deren Vollzug wohl häufig für den Zuschauer lustig gewesen sein, aber für den Verurteilten waren sie alles andere als humorvoll. Für sie war die Definition des Humors, welche die „Brockhaus Enzyklopädie" bringt, wenn sie diese gekannt hätten, eine Ironie: „Heitere Gelassenheit gegenüber den Unzulänglichkeiten von Welt und Menschen und den Schwierigkeiten des Alltags; die für ästhetische Grundgestalt des Komischen aufgeschlossene Form der Wahrnehmung und Kommunikation"[14].

Wir denken hier besonders an Ehrenstrafen, wie die verschiedenen Formen des Prangers, des schimpflichen Aufzuges, des Steintragens, des Schnellens (Schupfen, Wippen), des Rücklings-Reitens oder des Eselritts, bei dem die Frau, die ihren Mann geschlagen hatte, auf dem Esel mit dessen Schwanz in der Hand durch den Ort reiten mußte und der gedemütigte Mann den Esel zu führen hatte. Der Brauch ist für Rheinfranken und Hessen bezeugt[15], aber auch für Italien und Frankreich[16]. Der

---

[11] F. Wieacker, Privatrechtsgeschichte der Neuzeit, Göttingen ²1967, S. 453.

[12] Gierke, S. 25.

[13] Gierke, S. 27–30.

[14] Bd. 10, Mannheim 1989, S. 301 f.

[15] R. His, Das Strafrecht des deutschen Mittelalters, I, Weimar 1920, S. 572 f.; Gierke, S. 70.

[16] J. Grimm, Deutsche Rechtsaltertümer, II, Leipzig ⁴1899 (Neudr. Darmstadt 1965), S. 319 (zitiert: Grimm, RA); M. Chassan, Essai sur la symbolique du droit, Paris 1947, S. 216 ff.

spätere Stadtarzt und Medizinprofessor in Basel, Thomas Platter
(1574–1628), berichtet, wie die Doctores und Studenten in Montpellier
Landstreicher und Quacksalber, die verbotenerweise Arzneien anboten,
auf einen Esel setzten, ihn dessen Schwanz halten ließen und ihn so unter
großem Geschrei und Spott durch die Stadt führten und ihn mit Unrat
bewarfen[17]. Hier kommt nicht die offizielle Justiz zum Zug, sondern die
von dieser geduldete standesmäßige oder burschenhafte. Natürlich war
das für die Studenten humorvoll, für die armen Reiter aber wohl kaum.

III. Kuriositäten oder Humor im Recht

Wilhelm Ebel nennt ein hübsches Büchlein „Curiosa iuris germanici"
und beginnt seine Einleitung mit den Worten[18]: „Das Recht ist eine ernste
Sache. Justitia lächelt selten, der Gesetzgeber nie (Er macht sich höchstens
lächerlich. Der Verfasser.). Jeder von beiden kann wohl gelegentlich das
produzieren, was man unfreiwilligen Humor nennt – wer ist davor gefeit?
Doch dieser ist, das sei gleich gesagt, hier nicht gemeint. Gesetz und
Richterspruch sind nun einmal nicht dazu da, den Sinn für Heiterkeit zu
erregen. Deshalb ist es aber auch nicht unbedenklich, daß seit rund einem
Jahrhundert in Deutschlands Rechtswissenschaft das Wort vom ‚Humor
im alten deutschen Recht‘ umläuft, seit der große Rechtsgelehrte Otto
v. Gierke, mit der feierlich-ernsten Wucht seiner eindrucksvollen Persön-
lichkeit dafür so ungeeignet wie nur einer, im Jahre 1871 eine reichlich
trockene Schrift über diesen ‚Humor im deutschen Recht‘ geschrieben
hat." Diesem Urteil ist noch beizufügen, daß Wilhelm Ebel ein guter
Kenner Gierkes war und über ihn publiziert hat[19].
Auch Gierke selber beklagt gegen Schluß seines Büchleins, daß der
Humor aus dem Recht verschwunden sei: „Die Erscheinung des Humors
im Recht verschwand allmälig, seitdem das Recht sich vom Volksleben
ablöste und in den Alleinbesitz gelehrter Juristen, gelehrter Gerichte,
gelehrter Beamter überging. ... Die an die Stelle des volkstümlichen
Rechtes tretenden Gesetze und Ordnungen sind sogleich bis ins Übertrie-
bene abstrakt, pedantisch, trocken"[20]. Freilich hat schon das Vernunfts-
recht der Aufklärung manche farbenfrohe Rechtsaufzeichnung verbannt.
Bezeichnend ist, daß die Hofkammer in Österreich von der Bestätigung

---

[17] L. Carlen, Rechtsgeschichtliches aus Frankreich, Spanien, England und
den Niederlanden in einem Reisebericht von 1595–1600, Brig 1971, S. 22.
[18] Göttingen 1968, S. 3.
[19] W. Ebel, Deutsches Recht und deutscher Staat. Otto v. Gierke
(1841–1921), in: Leben und Leistung. Zur 150-Jahr-Feier der deutschen Burschen-
schaft, 1965, S. 78 ff.
[20] Gierke, S. 78, 80.

von Banntaidingsbüchern abriet, weil vieles darin „der Vernunft zuwider" sei und „kindisch Rechte"[21].

Hans Fehr, Ordinarius für Rechtsgeschichte in Bern[22], widmete 1946 einen in Bern gehaltenen akademischen Vortrag dem Humor im Recht und vertrat darin ebenfalls die Auffassung, daß der Humor, den er in den Quellen von rund 1200 bis in das 16. und 17. Jahrhundert zu verspüren glaubt, aus unserem heutigen Recht verschwunden sei, weil dieses ausschließlich an den Verstand des Menschen appelliert, während das alte Recht nicht nur in der Welt des Verstandes lebte, sondern ebenso stark in der des Gemütes. Daher ist der Humor auch im Volksrecht und im ländlichen Recht, nicht aber im Stadtrecht vertreten[23].

Fehr unterscheidet übrigens zwei Arten von Humor. Den einen bezeichnet er als den einfachen oder reinen und widerspruchslosen, der aus einer heiteren Gemütsverfassung und guten Laune hervorgeht und frohe Stimmung wecken will. Der andere ist nach ihm der tragische und düstere oder überwindende Humor, weil er schwere Lebens-Situationen überbrückt und dem Ernsten das Heitere gegenüberstellt, um so die Situation zu beherrschen oder im Rechtlichen das starre, harte Recht zu lindern[24].

Bei diesem letzteren wäre wieder zu fragen, für wen die Sache humorvoll war. Genügt es vom Humor im Recht zu sprechen, wenn man Handlungen und Ausdrucksweisen der mittelalterlichen und spätmittelalterlichen Quellen aneinderreiht, die einen humoristischen, lustigen oder scherzhaften Einschlag haben, wie das beispielsweise Bernhard Thormann in seiner philosophischen Dissertation „Über den Humor in den deutschen Weistümern"[25] getan hat oder wie es in einschlägigen Arbeiten von H. Knapp[26] und C. Borchling über den Humor im Würzburger und friesischen Recht der Fall ist? Wenn letzterer schreibt, daß die Friesen im 13. Jahrhundert den Leichnam eines Erschlagenen in den Rauch zu hängen pflegten, bis die Rache vollzogen war[27], finde ich darin, auch wenn es sich wohl um eine Art Rechtsübertreibung handelt, nicht viel Humoristisches.

Es ist gar nicht so einfach, eine gültige Definition für Humor zu finden. Die wenigen Untersuchungen des Humors betrachten ihn meist als eine

---

[21] Gierke, S. 79.

[22] Über ihn: H. Fehr, Mein wissenschaftliches Lebenswerk, Bern 1945; A. Beck u. P. Liver, Prof. Dr. Hans Fehr zum Gedenken, in: Der kleine Bund, Jg. 112 (1961), Nr. 524; K. S. Bader, Hans Fehr, in: Zeitschrift der Savigny-Stiftung für Rechtsgeschichte, 80, germ. Abt. 1963, S. XV–XXXVIII.

[23] H. Fehr, Der Humor im Recht, Bern 1946, S. 8 f.

[24] Fehr, S. 6 f., 23.

[25] Diss. Münster i. W. 1907.

[26] H. Knapp, Humor im Würzburger Recht, in: Zeitschrift für die gesamte Strafrechtswissenschaft 22 (1902), S. 1 ff.

[27] C. Borchling, Poesie und Humor im friesischen Recht, Aurich 1908, S. 48.

Kategorie der Ästhetik oder als Gegenstand der Psychologie, meist der Völker- und Stammespsychologie[28] und übersehen nicht selten, daß er ein Phänomen ist, das die gesamte Haltung eines Menschen, seinen Stand in der Welt, entscheidend mitbestimmt und daß er eine sinnfreudige Offenheit den Dingen gegenüber verlangt[29]. Der wahre Humor wäre von der Ironie und dem bloßen Spaßmachen abzugrenzen.

IV. Schein von Buße und Berechtigung

Gierke und andere Autoren sprechen von der Scheinbuße und dem Scheinwergeld, in deren Gestaltung sich der „Volkshumor" geltend mache[30]. Diese Scheinbußen haben dem Missetäter zwar nicht weh getan, sie gingen aber gegen die Ehre und konnten deshalb treffen, waren für ihn also nicht sehr humorvoll. Befehdete, Friedlose, handhafte Missetäter, Ehebrecher, Hausfriedensbrecher und nächtliche Diebe hatten manchmal ein Scheinwergeld. Der Sachsenspiegel sprach rechtlosen Leuten eine Scheinbuße aus. Das waren Unfreie, Unehrliche, Pfaffenkinder, Dirnen, Gaukler, im Land herumziehende Kunstfechter, schweren Verbrechens Überwiesene, „Loterpfaffen mit langem Haar", wie sich Rudolfs Landfriede 1281 ausdrückt, und Spielleute[31]. Der gewerbsmäßige Lohnkämpfer erhielt als Buße den Blick eines Kampfschildes gegen die Sonne, Leute, die ihr Recht mit Diebstahl oder Raub verwirkt hatten, bekamen Besen und Schere, die Zeichen körperlicher Züchtigung, und der unfreie Knecht zwei wollene Handschuhe und eine Mistgabel[32].

Sind die Scheinbußen wirklich Humor? Hans Fehr hat die Frage aufgeworfen, ob der Schatten nicht eher „als ein Zubehör zur Person"

---

[28] T. Lipps, Komik und Humor, in: Beiträge zur Ästhetik, Hamburg–Leipzig 1898; H. Höffding, Humor als Lebensgefühl, Leipzig 1918; J. Volkelt, Aesthetik des Tragischen, München 1923; H. Lützeler, Die Philosophie des Humors, in: Zeitschrift für deutsche Geisteswissenschaft, Jena 1939. – Zur Bedeutung in der Volkskunde G. Graber-Glück, Humor und Witz in der Volkskunde 55 (1959), S. 52 ff.

[29] G. Berkenkopf, Vom Humor, Freiburg i. Br. 1944, S. 2, 45.

[30] Gierke, S. 45; Thormann, S. 28 ff.; F. Harkort, Die Schein- und Schattenbußen im Erzählgut, Diss. Kiel 1956 Mskr. (S. 3 ff. krit. Überblick über die bisherige Lit.); E. v. Künssberg, Rechtsgeschichte und Volkskunde, bearb. v. P. Tzermias, Köln–Graz 1965, S. 52 ff.; O. Peterka, Das offene zum Scheine Handeln im deutschen Rechte des Mittelalters, Heidelberg 1911, S. 37 ff.; H. Hentig, Die Strafe, I, Bonn 1954, S. 32 ff.

[31] Grimm, RA, II, S. 251.

[32] His, I, S. 608. Man kann in diesem Zusammenhang auch auf die Strafen in effigie hinweisen, bei denen der Täter im Bild bestraft wird (W. Brückner, Bild und Brauch, Studien zur Bildfunktion der Effigies, 1966; ders., Effigies, in: Handwörterbuch zur Deutschen Rechtsgeschichte, I, Berlin 1964–70, Sp. 806 ff.).

angesehen wurde und damit als etwas Reales, als Teil des Menschen. Damit aber schlug, wer den Schatten traf, auch den Menschen[33].

Auch bei bestimmten Tierstrafen kann man sich fragen, ob hier Humor vorhanden ist, wie das z. B. Bernhard Thormann glaubte[34]. Wenn nach westfälischen Weistümern Gänse, die über den Zaun flatterten, an einem auf dem Feld errichteten Galgen aufgehängt wurden, wird das deren Eigentümer wohl kaum als sehr humorvoll empfunden haben.

Hier sind auch die Scheinberechtigungen zu erwähnen. Steht einem Herrn das verbreitete Recht auf Herberge und Verpflegung nicht zu, so wird ihm wenigstens ein Stecken, um sein Pferd anzubinden, ein Stuhl zum Sitzen, ein gedeckter Tisch mit leerem Geschirr und etwas Salz geliefert[35]. Aber auch Verbindlichkeiten können nur zum Schein erfüllt werden, wie z. B. bei der Auslieferung von Verbrechern an den kompetenten Richter, in dem Sinne, daß der Missetäter an der Grenze nur zum Schein festgebunden wird, so daß er leicht entrinnen kann, indem man ihn z. B. mit drei Strohhalmen oder einem seidenen oder zwirnenen Faden an einen Markstein, einen Brückenpfahl oder einen Grenzbaum bindet und so stehen läßt, was verschiedene Weistümer überliefern[36]. Wenn in der Abtei Prüm der fronpflichtige Bauer mit seinem Fuhrwerk vergeblich gewartet hatte, um die Fronfahrt durchzuführen, schlug er dreimal mit der Geißel in die Mosel und entzog sich so einer weitern Verpflichtung[37].

V. Volksjustiz

Diese Bestimmungen weisen in Richtung Rechtliche Volkskunde[38]. Auf zwei Erscheinungen, in denen sich Humor und Recht in Beziehung zur Rechtlichen Volkskunde auch treffen, sei hier noch hingewiesen.

---

[33] Fehr, S. 24.

[34] Thormann, S. 65 f.

[35] Gierke, S. 48; J. Grimm, Weistümer (Bd. 1–7 Göttingen 1840–1878), V, S. 669, u. IV, S. 155 f., 212.

[36] Gierke, S. 49 f.

[37] Grimm, Weistümer II, S. 542. Zur Scheinbuße auch W. Schild, Alte Gerichtsbarkeit, München 1980, S. 50.

[38] Vgl. hierzu u. a. K. S. Bader, Schriften zur Rechtsgeschichte, I, Sigmaringen 1984, S. 124 ff.; H. Baltl, Rechtliche Volkskunde und Rechtsarchäologie als wissenschaftliche Begriffe und Aufgaben, in: Schweiz. Archiv für Volkskunde 48 (1952), S. 66 ff.; L. Carlen, Rechtliche Volkskunde, in: Handwörterbuch zur Deutschen Rechtsgeschichte (im Druck); ders., (Hrsg.), Forschungen zur Rechtsarchäologie und Rechtlichen Volkskunde, 14 Bände, Zürich 1978–1992; Umfangreiche weitere europäische Literaturhinweise bei L. Carlen, Rechtsarchäologie in Europa, in: Iuris Scripta Historica, V, Brüssel 1992, S. 29 ff.; K.-S. Kramer, Grundriß einer rechtlichen Volkskunde, Göttingen 1974.

Im Bereiche des Humors bewegen sich die Narrengerichte, die im mittleren und südlichen Deutschland, in den Alpen und in der Schweiz auftreten, vor allem auch in der Fastnachtszeit. Sie sind eine Art Sitten- oder Rügegerichte, nicht offizielle staatliche Gerichte, die aber eine bestimmte Seite des Rechts verkörpern und das Rechtsempfinden des Volkes manifestieren und Ausdruck einer humorvoll ausgestalteten Volksjustiz sind. Es sind Rügehandlungen, die auch mit aller Förmlichkeit einer Gerichtsverhandlung vor sich gehen und in denen Menschen und Dinge, die überlebt und veraltet erscheinen, durch Spott und Hohn außer Kraft gesetzt werden. Ungesunde staatliche und rechtliche Einrichtungen werden verspottet, und ihre Abschaffung wird gefordert[39]. Die gerichtsähnlichen Volksbräuche sind verschiedener Art. Neben den Narrengerichten gibt es Fastnachtsgerichte, Frauengerichte, Knabengerichte usw. Manchmal trat die Gemeindebehörde für einige Tage ihre Gerechtsame an junge Leute ab, und diese hielten das sog. Faschingsrecht oder Schöffenrecht, das in einer Gerichtsparodie bestand[40]. Rechtsvorgänge werden hier vielfach unmittelbar nachgeahmt, aber mit Scherz und Humor, wobei die Volksjustiz stets die Neigung zum theatralischen Überschwang hat.

Die Errichtung des „Hohen grobgünstigen Narrengerichtes" zu Stokkach, einer Kleinstadt im südlichen Baden, soll auf einem von Erzherzog Leopold von Österreich erteilten hofnärrischen Privileg beruhen. Es läßt sich tatsächlich bis ins 14. Jahrhundert zurückverfolgen und wird in der „Schwäbischen Chronik" 1792 als das Recht umschrieben, „alle Jahre in der Fastnacht ein Narrengericht zu halten, das genau wie das Landgericht daselbst organisiert und besetzt ist"[41].

Wieweit ernste mit Humor getränkte Volksjustiz oder Unfug vorliegt, muß in den einzelnen Fällen entschieden werden. Man hat die Frage auch für das Haberfeldtreiben gestellt. Dieses war die in Oberbayern übliche Form eines volkstümlichen Rügegerichtes, das sich vor allem gegen geschlechtliche Vergehen richtete, aber auch gegen solche, die sich dem Einschreiten der ordentlichen Gerichtsbarkeit entzogen[42].

---

[39] P. Sartori, Narrengericht, in: Handwörterbuch des deutschen Aberglaubens, VI, Berlin 1935 (Nachdr. Berlin 1987), Sp. 968 f.; Fehr, S. 28 ff.; K.-S. Kramer, Hänseln, in: Handwörterbuch zur Deutschen Rechtsgeschichte, I, Berlin 1971, Sp. 2003 f.

[40] Von Künssberg, S. 43 f.

[41] C. Amelunxen, Zur Rechtsgeschichte der Hofnarren (Schriftenreihe der Juristischen Gesellschaft zu Berlin, H. 124), Berlin–New York 1991, S. 32 f.

[42] Aus der einschlägigen Literatur ragt die rechtshist. Diss. Freiburg i. Br. hervor: E. A. M. Schieder, Das Haberfeldtreiben. Ursprung, Wesen, Deutung, München 1983 (Miscellanea Bavarica Monacensia 125).

Hier wären auch die Hänselrechte zu erwähnen. Hänseln ist ein Ausdruck für die Vornahme gewisser mehr oder weniger derber Gebräuche bei der Aufnahme eines Neulings in eine geschlossene Gemeinschaft, dann auch bei seiner ersten Verbindung in einer bestimmten, wenn auch nur zu einem vorübergehenden Zweck verbundenen Gruppe von Menschen oder bei der erstmaligen Verrichtung irgendeiner bedeutsamen Handlung[43]. Viele Hänselbräuche erscheinen unter dem Namen und in der Form von „Rechten". Sie sind und waren in verschiedenen Gesellschafts- und Berufsschichten in Übung, wobei man auch an die Überreste ehemaliger Fruchtbarkeitsriten dachte[44]. Immer wieder aber sind diese Hänselbräuche und Depositionsbräuche in humorvoller Form mit der Rechtsordnung verquickt. Im Keller- und Küferrecht hat man sie aus ernst zu nehmenden Kellerordnungen abgeleitet. Dabei wäre hier festzustellen, daß rein Rechtliches in Verbindung mit dem Humor zum Volksbrauch absinkt[45].

Daß Hofnarren jahrhundertelang in ein Verwaltungssystem eingegliedert wurden, hat Clemens Amelunxen jüngst eindrucksvoll gezeigt[46].

VI. Humor in Rechtssprichwörtern

Humor findet sich auch in Rechtssprichwörtern. Ferdinand Elsener hat in verschiedenen Arbeiten darauf hingewiesen, was seinerzeit schon Eberhard von Künssberg andeutete[47], daß viele deutsche Rechtssprichwörter aus dem gelehrten römischen und kanonischen Recht stammen und durch studierte Juristen, die beider Sprachen mächtig waren, aus lateinischen Regulae iuris eingedeutscht wurden[48]. Die Untersuchungen von Hans

---

[43] P. Sartori, Hänseln, in: Handwörterbuch des deutschen Aberglaubens, III, Sp. 1461.

[44] E. von Künssberg, Rechtliche Volkskunde, Halle/Saale 1936, S. 50.

[45] Künssberg, S. 52; K. S. Bader, Gesunkenes Rechtsgut, in: Schriften zur Rechtsgeschichte, I, S. 107 ff.

[46] Vgl. Anm. 41.

[47] E. v. Künssberg, Einführung zum Deutschen Rechtswörterbuch, I, Weimar 1914–1932, S. XVI.

[48] F. Elsener, Regula iuris, Brocardum, Rechtssprichwort nach der Lehre von P. Franz Schmier OSB und im Blick auf den Stand der heutigen Forschung, in: Studien und Mitteilungen zur Geschichte des Benediktiner-Ordens und seiner Zweige 73 (1962), S. 177–218; ders., Deutsche Rechtssprache und Rezeption. Nebenpfade der Rezeption des gelehrten römisch-kanonischen Rechts im Spätmittelalter, in: Tradition und Fortschritt im Recht. Festschrift zum 500jährigen Bestehen der Tübinger Juristenfakultät, Tübingen 1977, S. 47–72 (beide Arbeiten wieder abgedruckt in: F. Elsener, Studien zur Rezeption des gelehrten Rechts, hrsg. v. F. Ebel u. D. Willoweit, Sigmaringen 1989, S. 165–197, 240–258).

Rudolf Hagemann[49] und Albrecht Foth[50] haben Elseners Thesen bestätigt. Man müßte jedes einzelne Sprichwort, das einen humoristischen Einschlag hat, auf seine Herkunft genau untersuchen, ob es von gelehrten Juristen stammt[51] oder ob doch hier (auch noch) Bauernschalk und Bauernwitz sich äußern. Es sind ja vor allem bäuerliche Rechtssprichwörter, die vielfach eine schöne Prise Humor enthalten. Aber was sollte uns abhalten, auch dem gelehrten Juristen eine humoristische und bildhafte Wendung zuzugestehen? Wenn man sieht, wieviele Juristen unter den Schriftstellern und Dichtern sind[52], ist diese Annahme nicht zu weit hergeholt. Goethe selber hat humoristische Rechtssprichwörter kreiert und z. B. zur juristischen Methodenlehre gedichtet[53]:

I „Im Auslegen seid frisch und munter!
　Legt ihr's nicht aus, so legt was unter."
II „Ihr verfahrt nach Gesetzen,
　auch würdet ihr's sicherlich treffen,
　wäre der Obersatz nur,
　wäre der Untersatz wahr!"

Wie aber immer auch die Herkunft dieser Rechtssprichwörter[54] sei, für uns bleibt, auf ihren humoristischen oder schalkhaften Einschlag hinzuweisen. Wieweit sich das Rechtssprichwort mit einer Rechtsregel deckt, ist eine andere Frage, die auch Auskunft geben kann, ob es sich beim Rechtssprichwort um ein Produkt literarischen oder „gelehrten" Bemühens handelt und wieweit es die Kenntnis des Volkes vom Recht widerspiegelt[55].

Manche Rechtssprichwörter sind Ausdruck der Lebensweisheit, in der ein Hauch von Humor durchschimmert, so etwa, wenn es beim Wider-

---

[49] H. R. Hagemann, Gedinge bricht Landrecht, in: ZRG 87, germ. Abt. 1970, S. 114 ff.
[50] A. Foth, Gelehrtes römisch-kanonisches Recht in deutschen Sprichwörtern, Tübingen 1971. Vgl. auch A. Wacke, Lateinisch und Deutsch als Rechtssprachen in Mitteleuropa, in: Neue Juristische Wochenschrift 1990, S. 883.
[51] Vgl. auch T. Bühler, Rechtsquellentypen (Rechtsquellenlehre II), Zürich 1980, S. 119 f. – K. von Amira / K. A. Eckard, Germanisches Recht, I, Berlin ⁴1960, S. 9 f., weist auf den Reichtum altnordischer Rechtssprichwörter hin.
[52] E. Wohlhaupter, Dichterjuristen, Tübingen 1953.
[53] W. Ogris, J. W. v. Goethe. Sprüche über Recht, Politik, Wissenschaft, Gesellschaft, Wien 1983, S. 26. Vgl. auch W. Ogris, Goethe – amtlich und politisch (= Schriftenreihe der Niederösterreichischen Juristischen Gesellschaft, H. 29/30), St. Pölten–Wien 1982.
[54] Eine Übersicht zur Literatur über die Rechtssprichwörter bei Elsener, Regula iuris, Anm. 48.
[55] E. Kaufmann, Rechtssprichwort, in: Handwörterbuch zur Deutschen Rechtsgeschichte, IV, Berlin 1985–1990, Sp. 364 f.

streit von Rechten heißt: „Welcher Wagen zuerst zur Brücke kommt, der fährt zuerst hinüber"[56]. Oder im Sachenrecht: „Dem reichen Walde wenig schadet, wenn sich ein Mann mit Holz beladet"[57]. Bei den Regalien: „Wildschwein und Eichhorn sind Gäste" und „Die Eule trägt ihr Recht auf dem Buckel"[58]. Im Familienrecht! „Eheleut verbrechen nichts, wenn sie sich schlagen"[59], „Wo der Hase gesetzt ist, da ist er am liebsten"[60]. Zur Zuständigkeit: „Affen und Pfaffen lassen sich nicht strafen"[61]. Zum falschen Eid: „Wer bereits des Teufels ist, der hat gut schwören"[62].

Zahlreiche Rechtssprichwörter, die ins Humoristische gehen, stellen Tiere in den Mittelpunkt. Scherzhaft steht hier das Tier für den Menschen, die Sache und das Recht: „Das Kalb folgt der Kuh", „Trittst du mein Huhn, so wirst du mein Hahn", „Hund und Katze, Huhn und Hahn ist des Ungenossen Vieh", „Man nimmt den Mann beim Wort und den Hund beim Schwanz", „Den Ochsen hält man bei den Hörnern, den Mann beim Wort, die Frau beim Rock", „Schulden sind keine Hasen", „Der Fuchs muß erschleichen, was der Löwe nicht kann", „Wolf und Bär hat keinen Frieden"[63]. Diese Auswahl könnte beliebig weitergeführt werden.

VII. Humor im Gericht und beim Strafvollzug

Humor kann im Munde des Richters Trost und Balsam, aber auch Stachel sein. Der Anwalt sagte: „Um zu beweisen, daß mein Mandant unschuldig ist, bedarf es keiner komplizierten Rechtsausführungen, sondern nur eines Körnchens gesunden Menschenverstandes." Darauf fragte der Richter: „Und bis wann können Sie dieses Beweismittel beibringen?"[64]. Im Mund des Anwaltes kann Humor schneidende Waffe sein. Daß Anwälte sich manchmal nicht verhalten können, humorvolle Seitenhiebe auf Richter prasseln zu lassen, ist bekannt, aber auch in den alten Rechtsquellen kommen Anspielungen gegen die Richter vor. In den österreichischen Weistümern heißt es im Banntaiding des Schlosses und Marktes Klamm 1547: „Wenn ein Landrichter vor des Wirts Tür kommt und trinken will, so soll er (der Wirt) ihm ein Maß Wein vor die Tür tragen, in einem hölzernen Becher, und soll mit der rechten Hand dem

---

[56] E. Graf / M. Dietherr, Deutsche Rechtssprichwörter, Nördlingen 1869, S. 25.

[57] Ebd., S. 68.

[58] Ebd., S. 131.

[59] Ebd., S. 140.

[60] Ebd., S. 164.

[61] Ebd., S. 436.

[62] Ebd., S. 374.

[63] Ebd., S. 59, 69, 228, 230, 580, 602.

[64] V. Meid, Lachen ohne Bewährung, München/Zürich 1980, S. 49.

Ross in den Zaum greifen, damit er (der Richter) ihm das Geld nicht entführe"[65]. Man traut also dem Richter nicht und gibt ihm keinen wertvollen Becher, den er einstecken könnte, und hält das Pferd, damit er nicht ohne Bezahlung davonreitet. Es klingt etwas Humor an, aber doch ist die Mahnung nicht zu übersehen, wenn die Soester Gerichtsordnung anordnet: „Es soll der richter auf seinem richterstuhl sitzen als grisgrimmender Löwe, den rechten fuss über den linken schlagen, und wenn er aus der sache nicht recht könne urtheilen, soll er dieselbe hundert drei und zwanzig mal überlegen"[66]. Ist es Schutz vor Beeinflussung, wenn eine Soester Ratsverordnung 1341 verkündet: „Jeder, der am Sonnabend nach der Vesperglocke mit den Bürgermeistern trinkt, muss einen Pfennig Strafe bezahlen"[67]. Der Ingelheimer Oberhof fand das gute Mittel, um einen Prozeß zu beschleunigen, als gegenm Schöffen um 1385 wegen Rechtsverzögerung geklagt wurde[68]: Die Schöffen mußten auf ihre eigenen Kosten zu einem Einlager in einen Gasthof zu Eltville kommen und durften diesen nicht verlassen, bevor sie sich über ein Urteil geeinigt und dem Kläger dafür Bürgen gestellt, daß sie binnen den nächsten acht Tagen ein Urteil erlassen, bei Verfall in die höchste Schöffenbuße.

Bei Parteien und Zeugen kann Humor naiv oder berechnet-spitzbübische Übung sein. Es ist Ernst und etwas sanfter Humor, wenn die im 17. Jahrhundert aufgezeichneten Neumünsterschen Kirchspielsgebräuche bei der Zeugnisfähigkeit sagen: „Eine (Gast-)Wirtin kann in ihrem Hause, wo sie ehrlich und unberichtiget, wenn sie einen Eid tut, soviel als 7 Männer bezeugen", wohl weil sie nüchtern bleibt[69].

Auch von Verurteilten werden humorvolle Sprüche überliefert. Man spricht von Galgenhumor. Die wenigsten werden ihn besessen haben; denn im Angesicht des Todes ist kaum zu spaßen. Hier wird wohl das Volk das Seine dazu getan haben. Hinrichtungen waren ja oft auch mit großen Volksaufläufen verbunden[70]. Der Dieb, der am Montag gehängt wurde, soll gesagt haben: „Die Woche fängt gut an" und jener, der zwischen Henker und Geistlichem zum Galgen schritt: „Schlechte Gesellschaft"[71]. Als zwei Verurteilte auf den Richtplatz zu Appenzell zur Hinrichtung geführt wurden, bemerkte der eine: „Me hend etzt doch s

---

[65] Österreichische Weistümer, XII, S. 827.
[66] Gierke, S. 34.
[67] Ebel, S. 13.
[68] A. Erler, Die älteren Urteile des Ingelheimer Oberhofes, III, Frankfurt a. M. 1963, S. 288 f.
[69] Ebel, S. 84.
[70] Schild, S. 42.
[71] Künssberg, S. 36; J. Gernhuber, Strafvollzug und Unehrlichkeit, in: Zeitschrift der Savigny-Stiftung für Rechtsgeschichte 74, germ. Abt. 1957, S. 174.

mönscht Wetter verwütscht of ösem letschte Gang!" (Wir haben jetzt
doch das miserabelste Wetter erwischt auf unserem letzten Gang.) Der
andere erwiderte: „I woor gad nüd joomere; mer wend de joomere loo,
wo bi dem Lompewetter wider hee mönd!" (Ich würde gar nicht jammern; wir wollen die jammern lassen, die bei dem Lumpenwetter wieder
heim müssen!)[72] Der wegen Diebstahl zum Erhängen Verurteilte lachte
auf dem Weg zum Galgen ständig. Als der Scharfrichter nach dem Grund
fragte, erwiderte er lachend: „Ihr hängt den Falschen!"[73] Da denkt man
auch an George Bernard Shaw: „Es macht keinen Spaß, einen Mann
aufzuhängen, der nichts dagegen hat."

Der Galgenhumor kann sich auch äußern in der Gerichtsgemeinde
selber. Als im 18. Jahrhundert ein schwäbischer Handwerksbursche im
Goms in der Schweiz zum Tod am Galgen verurteilt worden war und am
heute noch stehenden Galgen von Ernen aufgehängt werden sollte, protestierten die Leute von Ernen und sagten, der Galgen sei für sie und ihre
Kinder und nicht für jeden fremden Hudel. Der Verurteilte wurde
deshalb zu 101 Jahren Landesverweisung begnadigt und an die Grenze
geschafft[74]. Man könnte auch daran denken, daß nicht nur gemeindliches
Selbstbewußtsein zum Protest der Erner führte, sondern, daß jemand
bewußt den Ausspruch säte, um den Verurteilten zu retten, und damit
hätte der Humor eine dankbare Aufgabe erfüllt. Zudem war das zuletzt
gewählte Verfahren einfacher und billiger. Der Fall wird auch aus Schilda
überliefert, wo die Bürger protestierten, der Galgen sei für sie und ihre
Kinder da, wenn ein Fremder gehängt werden solle, so möge er erst
Bürger werden. Das klingt, als ob der Wortführer von Schilda den
römischen Juristen Gajus studiert hätte, der sagt, wenn die Diebstahls-
klage einem Peregrinen oder gegen einen Peregrinen gegeben werden
solle, so müsse er als Bürger fingiert werden[75].

Nicht jede Freiheitsstrafe war schlimm. Man spricht vom fidelen
Gefängnis. §5 der Statuten des Städtchens Teichel von 1611 bestimmt:
„Ziehet einer, in Gehorsam sitzend (d.h. im Gefängnis für ungehorsame
Bürger), Gesellschaft an sich und spielet und säuft mit ihnen, so soll er
1 fl. und ein jeder Consort 1/2 fl. Strafe leiden, und auch im Arrest oder
Gehorsam kein Gewerbe treiben[76].

---

[72] W. Koller, 300 Appenzellerwitze, Rorschach ⁵1971, S. 18.
[73] Meid, S. 81.
[74] L. Carlen, Gericht und Gemeinde im Goms, Freiburg 1967, S. 169.
[75] Gajus IV, 37; Ihering, S. 131.
[76] Ebel, S. 27.

18

Als die Universitäts-Gerichtsbarkeit noch bestand, hatte jede gute
Universität einen Karzer, in dem fehlbare Studenten ihre Strafe verbüßen
mußten. Dabei war von „Büßen" oft keine Rede. Die Karzerräume
wurden mit Spottnamen belegt wie „Sanssouci", „Solitude" oder „Gasthof zur goldenen Freiheit". Im Karzer der Universität Göttingen, geziert
mit Sprüchen und Malereien der Häftlinge, schrieb einer groß über die
halbe Wand: „Der Erde köstlichster Gewinn: Studenten geht in Carcer
in!" und über dem Bett! „Komm hier zu mir Geselle, hier find'st Du
Deine Ruh!" Ein Aquarell von ca. 1840 zeigt im Karzer drei pfeifenrau-
chende Studenten, von denen der eine es sich auf einem Kanapee bequem
macht und der zweite, die Stiefel ausgezogen, sich behaglich an die Wand
lehnt und der dritte auf einem Stuhle sitzt und sich auf den Tisch
aufstützt, vor ihm Glas und Flasche. Auf einem frühen Foto um 1870 der
Universität Heidelberg sind zwei pfeifenschmauchende Studenten zu
sehen, der eine liegt im Bett, der andere spielt Ziehharmonika[77]. Eine
Farblithographie aus der Mappe „Aus dem deutschen Studentenleben"
von F. W. Geiling[78] zeigt den Einzug eines Neuankömmlings ins Univer-
sitätsgefängnis, jubelnd begrüßt von drei dort sitzenden, rauchenden und
kartenspielenden Kommilitonen[79].

Ein betrübter Beobachter des studentischen Karzerlebens schrieb 1786:
„... So leben sie davor auf dem Karzer so lustig als möglich, laden gute
Freunde zu sich, singen und schreien, saufen und spielen, als wenn man
sie deswegen hieher gesetzt hätte. Einige meinen, sie wären keine rechten
Studenten, wenn sie nicht auch auf dem Karzer gelegen und ihren schönen
Namen unter die anderen mit an die Wand oder den Tisch gegraben
hätten"[80].

VIII. Humor im juristischen Hörsaal und im Examen

Humor im juristischen Hörsaal. Erinnern wir zuerst daran, daß man in
Padua die alte Universität, in der neben der Verwaltung auch die Juristische Fakultät war, als „bo" bezeichnet, was im Venetianischen gleichbe-
deutend ist wie „Ochs".

Es gibt fünf Kategorien von Professoren: solche, die Humor besitzen,
solche, die keinen haben, solche, die glauben, sie hätten Humor und bei

---

[77] P. Gladen, Gaudeamus igitur. Die studentischen Verbindungen einst und
jetzt, München 1986, S. 152, Abb. 136–138.
[78] Jena 1890.
[79] P. Krause, „O alte Burschenherrlichkeit", Graz 1979, S. 94.
[80] Krause, S. 65. Es scheint allerdings auch schlechte und ungesunde Karzer
gegeben zu haben (A. Bienengräber, Akademische Karzer, in: M. Doeberl u. a., Das
Akademische Deutschland, II, Berlin 1931, S. 157; P. Woeste, Akademische Väter
als Richter, Marburg 1987, S. 54).

denen die Studenten aus Anstand, Gefälligkeit oder Berechnung lachen, solche, die zu humoristischen Gestalten geworden sind und schließlich jene, die nichts von alledem besitzen. Es ist allerdings auch zuzugeben, daß Mischformen nicht ausgeschlossen sind. Wenn sie den einzelnen Professor fragen, zu welcher Kategorie er gehört, werden Sie staunen, daß der Mann, der einen juristischen Fall messerscharf seziert, sich hier in der Antwort irren kann. Fragen Sie den Kollegen, ist er oft geneigt, seinen Kollegen in einer der beiden zuletzt genannten Kategorien einzuordnen.

War es Spott oder Ernst, oder beides, als der junge Ius-Student Johann Wolfgang Goethe am 12. Oktober 1765 seiner Schwester Cornelia schrieb: „Sie können nicht glauben, was es eine schöne Sache um einen Professor ist. Ich bin ganz entzückt gewesen, da ich einige von diesen Leuten in ihrer Herrlichkeit sah!"[81].

Einen Fall grimmigen Professorenhumors berichtet Max Gutzwiller über seinen Heidelberger Kollegen Otto Gradenwitz (1860–1935), den bekannten Romanisten und Rechtshistoriker. Eine Studentin besuchte ihn, um sich von ihm ein Dissertationsthema zu erbitten. Der Professor verschwand einen Augenblick, und als die Türe wieder aufging, sah man ihn auf allen Vieren herankriechen. Die Studentin befiel ein lähmender Schreck, Gradenwitz aber stand auf und sagte in aller Ruhe: „Wenn Sie nach einem so harmlosen Scherz den Kopf verlieren, sind Sie nicht mein Fall"[82].

Gutzwiller berichtet auch vom verhaltenen Humor zweier weiterer Heidelberger Kollegen. Der Staatsrechtler Gerhard Anschütz (1867–1948) war von einer Berliner Professur nach Heidelberg zurückgekehrt, weil er einmal in einer Vorlesung verlangte, die Fenster zu schließen, da er nicht gewohnt sei, bei Militärmusik zu lehren. Während der Philosophiehistoriker Kuno Fischer (1824–1907) wegen dem Lärm der Hühner des Hausmeisters des juristischen Seminars in Heidelberg erklärt habe: „Wenn das Gegacker nicht endlich aufhört, nehme ich den Ruf nach Berlin an"[83].

Deftig spricht sich der Bayerische Gesetzgeber Kreittmayr im 18. Jahrhundert über den Unterschied vom Lizentiaten und Doktoren aus: „Zwischen Licentiaten und Doctoribus soll zwar kein anderer Unterschied seyn, als dass jene nüchtern, und diese wegen des bey der Doctorpromotion üblichen Schmaus vollgesoffene Doctores seynd. . . . Viel Docter, viel Narren"[84]. Immerhin weist Kreittmayr aber doch darauf hin, daß graduierte Personen den Personenadel besaßen und daher ein Adelswappen führen durften.

---

[81] W. Ogris, J. W. von Goethe, Sprüche über Recht, Politik, Wirtschaft, Gesellschaft, Wien 1983, S. 25.

[82] M. Gutzwiller, Siebzig Jahre Jurisprudenz. Erinnerungen eines Neunzigjährigen, Basel 1978, S. 86.

[83] Gutzwiller, S. 87, 102.

[84] R. Eberle, Was früher in Bayern alles Recht war, Rosenheim 1976, S. 117.

Doktorpromotionen wurden tatsächlich aufwendig begangen, wobei reichlich Wein floß und mit Gastmählern großer Aufwand betrieben wurde[85]. Allerdings wurden die Doktormähler allmählich durch Geldleistungen abgelöst, was sich an der Wiener Universität schon seit dem 16. Jahrhundert feststellen läßt und für Innsbruck, Dillingen und Ingolstadt seit dem endenden 17. Jahrhundert[86]. Ausgedehnte Mähler wurden an den deutschen Rechtsfakultäten auch bei den Feiern des Juristenpatrons, des heiligen Ivo, abgehalten, wobei sich bestimmte Rechtsbräuche bildeten[87], aber auch Wert darauf gelegt wurde, daß das Mahl feierlich und splendid war und mindestens so reichhaltig wie ein Doktorschmaus[88].

Beigefügt sei, daß Prüfungstaxen teils in Geld und teils durch Naturalleistungen erlegt wurden, wobei zu den letzteren die Lieferung von Wein und Konfekt während langdauernden Prüfungen für die Examinatoren und den Kanzler gehörte[89].

Humor tritt nicht selten im juristischen Examen auf. Freilich für den Kandidaten, der den Humor erzeugt, ist die Situation oft alles andere als humorvoll. Mancher hat keinen kühlen Kopf, andere verlieren ihn und so gerät manches durcheinander, das zum Lächeln reizt. Ein Kandidat, der keine Antwort auf eine Frage wußte, sagte mir: „Es kommt mir jetzt nicht ins Gehirn." Dazu kommt der immer stärker werdende Verlust der korrekten Sprache und damit die Unbeholfenheit im Ausdruck. Was soll man dazu sagen, wenn der Kandidat erklärt: „Die Kodifikation ist eine Versammlung von Gesetzesnormen." – „Pius hat den Codex angezettelt." – „Der Codex wurde 1917 erstmals der Öffentlichkeit gezeigt." – „Der Codex wurde 1917 eingesetzt." „Napoleon ist zerschlagen worden." – „Ein Mann verbricht eine Sache." Statt der „Rezeption" des römischen Rechts, sprach einer ständig von der „Rezitation". Da ist es weniger schlimm, wenn der Kandidat, den ich fragte, wie man im deutschen Recht die väterliche Gewalt (Munt) nannte und dem ich auf sein Zögern sagte, „schauen Sie auf mein Maul!" antwortete: „Ja, böses."

Darf ich einige Sätze anführen, die ich in den letzten Jahren von meinen Examens-Kandidaten gehört habe:

---

[85] N. Grass, Alm und Wein. Aufsätze aus Rechts- und Wirtschaftsgeschichte, hrsg. v. L. Carlen u. H. C. Faussner, Hildesheim 1990, S. 427 ff.

[86] Grass, S. 431 f.

[87] R. Sprung, Die Verehrung des hl. Ivo an der Universität Innsbruck, in: Ex Aequo et bono. Willibald M. Plöchl zum 70. Geburtstag, Innsbruck 1977, S. 145 ff.; K. H. Burmeister, Der hl. Ivo und seine Verehrung an den deutschen Rechtsfakultäten, in: ZRG germ. Abt. 92 (1975), S. 77 f.

[88] Burmeister, S. 83.

[89] Grass, S. 423.

Im Eherecht gibt es Ehehindernisse. Auf die Frage: „Nennen Sie mir ein Ehehindernis", kam die Antwort: „Die Keuschheit" und zum Ehehindernis der Weihe und des Gelübdes im katholischen Kirchenrecht: „Der Pfarrer muß den Zölibat betrachten", „Die Nonnen können nicht heiraten, sie sind mit Gott verheiratet; denn sie tragen einen Ring." – Zum Ehemündigkeitsalter: „Mädchen mit 14 haben eine aufschiebende Wirkung." Aber: „Die Form und den Inhalt der Brautleute kann man nicht bestimmen." Zum Konsensmangel bei Erzwingung der Ehe durch Selbstmorddrohung sagte mir eine Italienerin: „Ein Mann heiratet mir, sonst Selbstmord ich mache mir." Eine andere Studentin: „Man hat dem Bräutigam einen Ring gegeben als Strafrechtssymbol." Und für die Eheschließung: „Der Geistliche muß fähig sein, die Ehe zu vollziehen." – „Beim ehelichen Akt braucht es einen Notpfarrer." – „Die Ehe ist eine Leidensgemeinschaft." – „Wenn man gläubig wird, ist das ein Scheidungsgrund." – „Der Mann konnte die Frau loslassen, wenn sie unfruchtbar war." Und eine Französischsprachige sagt: „Dann ist der Ehestand nix zustande gekommen." – „Die nicht vollgezogene Ehe ist ein Formfehler." – „Aber möglich ist die Trennung von Tisch und Stuhl" (statt „Bett"). – „Der Papst hat das Recht, in die Ehe einzugreifen." „Schon Chration und die Chratianer haben die Ehe geordnet." Hier ist dem Kandidaten mit dem Decretum Gratiani und der nach ihm benannten Schule der Dekretisten etwas durcheinander geraten. – „Man ist heute bestrebt, im neuen Codex Iuris Canonici die Ehe zu modernisieren." – „Dieser Codex wurde auf dem 1. Vatikanischen Konzil ins Leben gerufen." – „Die Ehenichtigkeitsklage kommt vor das Mediterangericht (statt „Metropolitangericht") und dann auf den Stuhl von Rom." – „Wenn ein Mann keinen Nachfolger erzielen kann, geht das gegen das Ziel der Ehe." Was wissen Sie zum älteren ehelichen Güterrecht in Deutschland zu sagen? „Die Frau brachte die Bettwäsche." „Die Rechtsfähigkeit erlangt man durch einen Klapf auf den Hintern zur Öffnung der Lunge." „Jedermann hat Anspruch auf ein geschicktes Begräbnis." – Was ist das? „Es müssen religiöse Taten dabei sein." – „Kultusfreiheit ist das Recht, Gottesverdrehung frei auszuführen." Auf die Frage, ob eine generelle Vorschrift in einem Friedhofreglement zulässig ist, wonach auf jedem Grabdenkmal ein Kreuz stehen müsse, kam die Antwort: „Nein, wegen dem Schutz des Waldes." Und auf die Frage, was ein Fundregal ist, hörte ich: „Das ist ein Fundbüro" und von den Königspfalzen hieß es: „Die Könige wechselten immer die Örter."

IX. Juristen böse Christen

Martin Luther hat zu Wittenberg das Corpus Iuris Canonici öffentlich verbrannt. Das war eine Demonstration gegen die römische Kirche, aber auch eine Kundgebung gegen das Kirchenrecht, ähnlich wie heute gewisse Theologen glauben, sie könnten mit dem Evangelienbuch das Recht erschlagen. Dabei übersehen sie, daß zwischen Bibel und Recht enge Zusammenhänge bestehen. Luther wandte sich aber auch gegen die Juristen[90]. Obwohl er einmal bekannte: „Eines frommen Juristen Werk ist besser, denn aller Pfaffen, Mönchen und Nonnen Heiligkeit"[91]. Dann aber zieht er gegen die Juristen los: „Juristen sind des mehrentheils Christi Feinde, wie man saget: Ein rechter Jurist ist ein böser Christ; denn er rühmet und preiset die Gerechtigkeit der Werk. Ist er aber erleuchtet und neugeboren und ein Christ, so ist er wie ein Monstrum, Wundertier unter den Juristen"[92]. An einer andern Stelle seiner „Tischreden" sagt Luther: „Juristen treffen nicht das punctum Mathematicum"[93] und dann wieder: „Juristen sind Zungendrescher und haben die Silbersucht und das gülden Fieber"[94]. In seinen „Tischreden" grenzte Luther die Juristen auch von den Theologen ab: „Ein Jurist ist ein Balkenträger, ein Theologus ein Splitterträger"[95], „Ein Jurist kann wohl ein Schalk sein, aber zu einem Theologen gehöret ein frommer Mann"[96]. Luther behauptet, die Theologen hätten einen festen Grund, aber „der Juristen Lehre ist nichts denn ein Nisi"[97] und „Juristen sehen in der Practia alle durch ein gemalet Glas"[98]. Vom Jus sagte Luther: „Das Jus ist eine schöne Braut, wenn sie in ihrem Bette bleibt, so sie aber in andere steigt, wird sie zur Hure. Darum soll das Jus für der Theologia das Barett abziehen"[99].

Das Wort von den Juristen als bösen Christen war schon vor Luther im Gebrauch[100]. Es wird bereits von Hugo von Trimberg ums Jahr 1300 verwendet, und im „Ackermann von Böhmen" des Johannes von Tepl spricht der Tod vom „Juriste, der gewissenlos criste". In der Reformationszeit und später wird es weiter verbreitet und führt zu Gegenreaktio-

---

[90] A. Stein, Martin Luthers Meinung über die Juristen, in: ZRG Kan. Abt. 85 (1968), S. 362 ff.; K. Köhler, Luther und die Juristen, Gotha 1873.
[91] K. F. W. Wander, Deutsches Sprichwörter-Lexikon, II, Leipzig 1867 (Nachdr. Augsburg 1987), Sp. 1082, Nr. 24. Vgl. auch J. A. Heuseler, Luther's Sprichwörter aus seinen Schriften gesammelt und im Druck herausgegeben, Leipzig 1824.
[92] Wander, Sp. 1082, Nr. 39.
[93] Ebd., Sp. 1083, Nr. 42.
[94] Ebd., Nr. 40.
[95] Ebd., Sp. 1081, Nr. 8.
[96] Ebd., Nr. 19.
[97] Ebd., Nr. 6.
[98] Ebd., Sp. 1082, Nr. 38.
[99] Ebd., Sp. 1083, Nr. 1 u. 2.
[100] R. v. Stinzing, Das Sprichwort „Juristen böse Christen" in seiner geschichtlichen Bedeutung, 1875, S. 28 ff.; G. Radbruch, Juristen – böse Christen, in: Die Argonauten 9 (1916).

nen und Selbstreflexion auf juristischer Seite und sogar bei einem Anonymus des 16. Jahrhunderts zur Idee, daß die Rechtsgelehrten überflüssig seien und durch eine Kodifikation ersetzt werden könnten: „Drumb denn aus dem Grundt zu helfen soll man ein neues Corpus juris und Gesez begreifen und ein Auszug aus allen Reichsabschieden machen"[101].

Kein geringerer als Erasmus von Rotterdam hat 1515 in seinem „Lob der Torheit" (Stulticiae laus) die Juristen ins Visier genommen: „Von den Akademikern beanspruchen die Juristen den ersten Rang, und niemand ist so eingebildet wie sie. In Wirklichkeit aber wälzen sie nur den Stein des Sisyphos, verbinden hundert Paragraphen zu einer Phrase und erreichen es, indem sie Auslegung an Auslegung, Erläuterung an Erläuterung reihen, daß ihr Beruf als der schwierigste von allen angesehen wird. Denn was schwierig ist, gilt ja nach einem verbreiteten Vorurteil ohne weiteres als bedeutend"[102]. Hübsch ist die Zeichnung, die Hans Holbein d. J. dazu von Juristen angefertigt hat.

Erasmus hat nicht auf die Digesten 2, 15, 5 a. E. zurückgegriffen, wo der Satz des Aemilius Papinianus steht: „Liberalitatem captiosam interpretatio prudentium fregit" – Die Auslegungskunst der Juristen hat erschlichene Vorteile zunichte gemacht. Und Bartolus sagt in seinem Kommentar zur Novelle 18, 5: „Erubescimus, cum sine lege loquimur" – Wir erröten, wenn wir ohne Gesetz sprechen[103].

Thomas Murner begegnet in seiner „Schelmenzunft" den Juristen mit bitterer Satire: „sie thunt das Recht so spitzigbügen, und könnens, wo man will, hinzufügen. Derselb fromm redlich Biedermann (der advocat) mit Geld ein Brief durchreden kann, ohn Pfennig er kein Sprach mehr hat. Darnach wird Recht fälschlich Ohnrecht, das machet manchen armen Knecht"[103a].

Melanchthon ging es in seiner Rede „De legibus" nicht darum, die Juristen zu verunglimpfen, sondern die Halbgebildeten unter ihnen an den Pranger zu stellen. Er klagte, daß durch die Unwissenheit der Richter es ermöglicht wurde, daß die Advokaten Prozesse gewinnsüchtig in die Länge zogen, aus einem Prozeß immer neue herausspannen, die Klienten plünderten und mit dem Richter ihr Spiel trieben[103b].

---

[101] M. Herberger, Juristen, böse Christen, in: Handwörterbuch zur Deutschen Rechtsgeschichte, II, Berlin 1973, Sp. 483.

[102] Erasmus von Rotterdam, Lob der Torheit, übersetzt u. hrsg. von U. Schultz, Bremen 1966, S. 70.

[103] D. Liebs, Lateinische Rechtsregel und Rechtssprichwörter, Darmstadt 1982, S. 164.

[103a] Köhler (Anm. 90), S. 52.

[103b] Ebd., S. 57.

Der Spott über die Juristerei hielt all die Jahrhunderte hindurch an. Georg Henisch überliefert 1616 den Satz: „Juristerei und Arzenei die geben gute feiste Brei"[104]. Aber auch die Sprüche über die Juristen reißen nicht ab. Friedrich Petri nennt in seinem zu Hamburg 1605 erschienenen Buch „Der teutschen Weisheit" eine ganze Reihe. Hören wir einige: „Ein frommer Jurist sein ist fehrlich", „Ein jeglicher Jurist ist entweder ein Schalk oder ein Esel", „Der Jurist mit seinem Buche, der Jud mit seinem Gesuche, die Frau mit ihrem weißen Tuche, dieselben drei Geschirre machen die ganze Welt irre", „Es muß ein armer Jurist seyn, der nicht kann einer bösen Sach helfen", „Falsche Juristen reden ein Loch durch einen Brief, daran sieben Siegel hangen", „Je mehr Juristen, je mehr Unrecht in der Stadt", „Juristen han Odem warm und kalt, können reden, was ihnen wohlgefalt", „Juristen können mit ihren Gesetzen nur Mücken und Fliegen fangen, große Wespen und Hummeln reißen hindurch"[105].

Der Katalog dieser Freundlichkeiten gegenüber den Juristen könnte leicht vermehrt werden. Von Friedrich von Logau (1604–1655) stammen die zwei Verse:

„Juristen sind wie Schuster, die zerren mit den Zähnen,
das Leder, sie die Rechte, daß sie sich müssen dehnen"[106].

Der Jurist Ignaz Vinzenz Franz Castelli (1781–1862), Chronist des österreichischen Vormärz, dichtete[107]:

„Mein Recht ist klar und, wie mir scheint,
kann mein Prozeß gar nicht verloren werden.
Hast Du das Recht auf Deiner Seite, Freund,
so fürchte noch die Rechtsgelehrten."

Der gleiche Castelli bemerkte zur neuen Uhr auf dem Gerichtshause eines kleinen Städtchens:

„Auf unsern Rechtspalast wird jetzt, so spricht man,
eine Uhr gesetzt, dann können wir endlich einmal sagen,
wir hören die Stund der Gerechtigkeit schlagen"[108].

General Charles de Gaulle soll gesagt haben: „Die zehn Gebote sind deswegen so kurz und logisch, weil sie ohne die Mitwirkung von Juristen zustande gekommen sind."

---

[104] Wander, II, Sp. 1083, Nr. 1.
[105] II, S. 186, 204, 97; III, S. 6, 308; II, S. 394, 311, 845.
[106] K. Altmann, Deutsche Epigramme aus fünf Jahrhunderten, München 1969, S. 244.
[107] Altmann, S. 242 f.
[108] Altmann, S. 242.

Dagegen sehen sich die Juristen ganz anders. Von ihrer Überzeugung spricht das lateinische Wort: „Pectus facit iurisconsultum – Das Herz macht den Juristen"[109].

Zielscheibe abschätziger Bemerkungen über die Juristen sind vor allem die Advokaten, denen nach volkstümlicher Auffassung etwa das gleiche Maß der Höllenstrafen gebührt wie den Pfaffenköchinnen und allenfalls den Roßhändlern[110]. Es dürften aber hier tiefere Schichten vorliegen, Spannungen oder ein Abstand, der die geltende Gesetzgebung von der volkstümlichen Rechtsauffassung trennt. Besonders in der Zeit, da man Kunstliteratur und Volksliteratur, Modekostüm und Volkstracht zu unterscheiden beginnt, wird auch der Graben zwischen Juristen und Volk, zwischen gesetztem Recht und volkstümlichem Recht seit dem Beginn der Neuzeit besonders deutlich[111]. Jeremias Gotthelf ist ständiger Zeuge des populären Juristenhasses. Mit seinen Seitenhieben traktiert er unermüdlich die Träger und Wahrer des Rechts. Eine gewisse Achtung schwingt aber mit, wenn der Italiener sagt[112]: „Al medico, e all' avvocato non tener il ver celato" – Dem Arzte, dem Advokaten muß man nichts verschweigen. Dagegen aber: „Advokaten–Schadvokaten" oder „Advokaten und Soldaten sind des Teufels Spielkameraden", „Alla porta dell' avvocato altro ci vuol che martello". Immer wieder wird aber die Gewinnsucht gegeißelt: „Wenn Advokaten reden von Vergleich, dann sind die Klienten arm und sie sind reich", „Advokatenzungen müssen mit Gold geschmiert werden"[113].

Allerdings waren oder sind die Anwälte nicht nur beim gewöhnlichen Volk in Ungnade, sondern manchmal auch bei Höhergestellten. König Friedrich Wilhelm I. von Preußen erließ im Jahre 1726 die folgende Kabinettsorder für Gerichte und Juristenfakultäten: „Wir ordnen und befehlen hiermit allen Ernstes, daß die Advocati wollene Mäntel, welche bis unter das Knie gehen, unserer Verordnung gemäß zu tragen hatten, damit man die Spitzbuben schon von weitem erkennt"[114].

Einen hübschen Humor enthält die Walliser Sage aus dem Saastal: Zwei Advokaten, die im Leben manchen Prozeß geführt hatten, versprachen einander, nach dem Tode ein Zeichen zu geben und mitzuteilen, wie es im Jenseits aussehe. Nachdem einer gestorben war, erschien

---

[109] Liebs, S. 153.
[110] R. Weiss, Volkskunde der Schweiz, Erlenbach–Zürich 1946, S. 344.
[111] Weiss, S. 355.
[112] Vgl. dazu S. Bolla, L'avvocato con gli stivali. Divagazioni sull' immagine dell' avvocato nella cultura popolare, in: L. Carlen, Forschungen zur Rechtsarchäologie und Rechtlichen Volkskunde, Zürich 1988, S. 84 ff.
[113] Wander, I, Sp. 32–34.
[114] Verschiedentlich zitiert. Im Faksimile bei M. A. Nentwig, Rechtsanwälte in Karikatur und Anektode, Köln 1978, S. 19.

er seinem Kollege und sagte nur: „Da wird kein Wort mehr gesprochen"[115].

Johann Andrey (1741–1799) schrieb folgende Grabinschrift:

„Hier ruht ein seltner Advokat,
der Unrecht nie vertrat, und tat,
und Eintracht jedermann empfahl –
er starb im Hospital"[116].

Der schon einmal zitierte Friedrich von Logau bemerkte:

„Wer das Recht denkt recht zu führen,
muß die Räder reichlich schmieren"[117].

Nun ist zu dem zu bemerken, daß auch der Advokat leben mußte und leben muß und daß er sich seine Kenntnisse in langer Ausbildung und Erfahrung erwirbt und daß er daher seine Leistung honorieren läßt. Rechtshistorisch gesehen waren Prokuratoren und Advokaten in erster Linie auf Gebühren angewiesen, wobei es schon im 16. Jahrhundert für ihre Berechnung gewisse einheitliche Tarife gab. Man kannte aber auch private Honorarabreden und Gebührenüberschreitungen, worauf die Gerichte häufig willkürlich und rigoros die Gebühren herabsetzten. Das führte in Deutschland im 16. und 17. Jahrhundert und auch noch später dazu, daß die Einnahmen der Advokaten nicht besonders hoch waren, wenn man von den privilegierten Prokuratoren und Advokaten am Reichskammergericht und an einzelnen Hofgerichten absieht[118]. So konnte auch das Wort aufkommen, daß es Advokaten gibt, die zu viel zum Leben haben, aber wenig vom Leben, und andere, die zu wenig zum Leben haben und viel vom Leben.

All dem gegenüber ist interessant festzustellen, daß im Laufe der Jahrhunderte bei sozialen Unruhen die Advokaten in der Regel nicht schlecht wegkamen. Dagegen äußerte sich in der Volksmeinung immer wieder die schlechte Auffassung vom Advokaten. In einem Tiroler Schwank muß der heilige Petrus dem Müller, der von ihm einen Advokaten heischt, bedauernd antworten „Im Himmel sei keiner zu finden, aber in der Hölle werde ihnen ein sicherer Platz bereitet". Dieser grimmige Humor kehrt sogar in abergläubischen Formeln wieder, die auf dem Land zur Eingewöhnung von Haustieren an einen neuen Platz gesprochen

---

[115] J. Guntern, Volkserzählungen aus dem Oberwallis, Basel 1978, S. 281, Nr. 663.

[116] Altmann, S. 244.

[117] Altmann, S. 243.

[118] E. Döhring, Geschichte der deutschen Rechtspflege seit 1500, Berlin 1953, S. 111 ff., 466 f.; G. Buchda, Anwalt, in: Handwörterbuch zur Deutschen Rechtsgeschichte, I, Berlin 1964, Sp. 188 f.

wurden. So lautete ein solcher Spruch für die Tauben in Bayern: „Flieg aussi, flieg eini, flieg ein in dein Gstell, wie der Advokat in die Höll". Nach der Sage muß der schlechte Advokat nach dem Tod seine Sünden in der Hölle abbüßen oder als Spukgeist auf Erden wandeln. In einer bayerischen Sage muß die Seele eines gewissenlosen Advokaten in Vogelgestalt vom Teufel geholt werden. Der sächsische Plagegeist „Katzenfeit", dessen Streiche an Rübezahl erinnern, verdrischt einen geldgierigen Advokaten derb. Der Teufel selbst erscheint in Gestalt eines Advokaten vor Gericht, um sich eine sündige Menschenseele zu sichern. Schließlich wird der Advokat in scherzhafter Weise auch mit dem Wetter in Verbindung gebracht. Im Anhaltischen heißt ein Quaterberlostag „Avkat", und in Oldenburg heißt es, wenn es bei Sonnenschein regnet „dann kriggt de Düwel 'n Advokatenseel"[119].

Es wäre interessant, einmal auch die volkstümlichen Bezeichnungen für die Advokaten und überhaupt für die in Rechtspflege stehenden Personen zusammenzustellen und auszuwerten. Der Allgemeine Deutsche Sprachverein machte anfangs der Dreißigerjahre eine Umfrage u. a. für die Polizisten und Gerichtsvollzieher, was für den Atlas zur Deutschen Volkskunde 1980 und 1986 ausgewertet wurde[120]. Andreas Wacke hat das neuerdings für den Gerichtsvollzieher getan, wobei er Bezeichnungen von beißendem Humor erwähnt und verschiedene Gleichsetzungen mit Vögeln[121].

Die Sage hat sich auch hartherziger oder ungerechter Richter bemächtigt. Der falsch zugesprochene Boden verschluckt zwölf ungerechte Richter bis an die Knie[122]. Die Richter müssen so lange mit den Köpfen zweier unschuldig gerichteter Männer kegeln, bis sie durch Gottes Wort verscheucht werden[123]. Ungerechte Richter werden zur Strafe auch in einen Baum gebannt[124]. Ein bissiger, aber feiner Humor spricht aus der Walliser Sage, wonach die Walliser einmal eine Abordnung an den Papst gesandt

[119] R. Schömer, Advokat, in: Handwörterbuch des deutschen Aberglaubens, I, Berlin 1927 (Nachdr. Berlin 12987), Sp. 201 f.

[120] G. Gruber-Glück, Motivation und Verbreitung der Spottbezeichnungen des Gerichtsvollziehers, in: Sprache und Brauchtum, B. Martin zum 90. Geburtstag, Marburg 1980, S. 338 ff.; dies., in: Sprache und Recht, Festschrift für Ruth Schmidt-Wiegand, I, 1986, S. 134 ff.

[121] A. Wacke, Heiteres und Historisches über das Amt des Gerichtsvollziehers, in: Deutsche Gerichtsvollzieher Zeitung, Jg. 106 (1991), Nr. 7–8, S. 103 f.

[122] J. u. W. Grimm, Deutsche Sagen, Berlin 41903, S. 90.

[123] L. Strackerjan, Aberglaube und Sage aus dem Herzogtum Oldenburg, I, Oldenburg 21909, S. 214 ff.

[124] Handwörterbuch des deutschen Aberglaubens, VII, Berlin 1935/36, Sp. 693; vgl. auch H. Fehr, Das Recht in den Sagen der Schweiz, Frauenfeld 1955, S. 21 f.

hätten, mit der Bitte um einen heiligen Leib (d. h. Reliquien eines Heiligen oder Märtyrers). Der Papst soll geantwortet haben, sie sollten nur zu ihren Galgen gehen und dort nachsuchen[125].

Das Volk braucht so eine unblutige Waffe, um die Männer, die sich um das Recht bemühen sollen, zu treffen. Böses Wort und witziger Einfall wird hier zum Ventil, um den Unmut auszulassen. Freilich in der Feder des Meisters kann das Wort zur schneidenden Schärfe werden, wie Friedrich Dürrenmatt zeigt. In seinen Werken, besonders in „Der Richter und sein Henker", findet sich die schärfste Parodie des Gerichts. „Es ist eine traurige Gerechtigkeit mit einer traurigen Miene", schreibt er[126]. Max Frisch hat das Gerichtswesen des totalitären Staates parodiert. Bei ihm wird nicht der Angeklagte zum Opfer der Juristen, sondern die Juristen werden zum Opfer der Gesellschaft[127]. In der Rolle des Grafen Öderland sagt der Staatsanwalt: „Und wenn es an der Ordnung liegt? Wenn sie nicht lebbar sind, eure Gesetze, sondern tödlich, wenn sie es sind, die uns krank machen?" All das geht in die Tiefe und trifft Gesellschaft und Recht in ihren Fundamenten[128].

Ironie und Spott über die Juristen waren schon der Antike bekannt. Die frühesten Zeugnisse dafür finden sich bei den Römern in den Satiren des Lucilius[129]. In einem relativ kurzen Text von Sallust gegen Cicero[130] zähle ich nach heutigen Strafrechtsbegriffen wenigstens acht Ehrverletzungen. Cicero aber war selber nicht zimperlich in der Juristenkritik[131]. Das Recht ist nach ihm einfach, die Juristen aber erschweren es aus Eitelkeit und Unkenntnis, und die Jurisprudenz wird eine „simulatio prudentiae". Er ergießt seinen Spott über die Kleinlichkeiten des juristischen Geschäfts und spart nicht mit Worten wie „absurdum, ridiculum, stultitia, ineptiae"[132].

Die Verspottung des juristischen Geschäfts und die Gegenüberstellung von „Recht und Jurist" sind bei den Römern besonders Gegenstand der Juristenschelte. Geldgier und Skrupellosigkeit der Juristen wird nicht angeprangert[133]. Polemiken wie jene des Cassius Dio gegen seinen Zeitge-

[125] Guntern, S. 164, Nr. 336.
[126] Vgl. H. Emmel, Das Gericht in der deutschen Literatur des 20. Jahrhunderts, Bern 1963, S. 153, 157, 160.
[127] Emmel, S. 142.
[128] M. Frisch, Stücke, I, Frankfurt a. M. 1962, S. 353.
[129] D. Nörr, Rechtskritik in der römischen Antike, München 1974, S. 84.
[130] G. Fink, Schimpf und Schande. Eine vergnügliche Schimpfwortkunde des Lateinischen, Zürich/München 1990, S. 154 f.
[131] Fink, S. 150 ff.
[132] Nörr, S. 85.
[133] Nörr, S. 86.

nossen Ulpian oder des Laktanz gegen diesen sind durch politische Situationen bedingt, wobei es dem letztern auch um den Widerspruch von offizieller Jurisprudenz und wahrer Gerechtigkeit geht[134].

X. Ironie und Sprachgefühl

Die Auseinandersetzung unter Juristen, persönlich und wissenschaftlich oder beides, kann humoristische Züge annehmen, meist aber ist sie von Ironie geprägt und verletzend. Ein Beispiel: Der Würzburger Staatsrechtler Robert Piloty schrieb vom bayerischen Gesetzgeber Wiguläus Xaver Alois von Kreittmayr (1705–1790): „Er kannte die Gesetze, aber nicht ihren Geist"[135]. Damit sprach er Kreittmayr die Tiefe ab. Aber gerade wenn man Kreittmayrs Anmerkungen zum Codex Maximilianeus Bavaricus Civilis liest, stellt man fest, wie er mit viel Sprachgefühl das Wesen des Gesetzes erfaßte. Es ist doch schön formuliert, wenn Kreittmayr sagt: „Jeder kann regulariter in dem seinigen thun und machen was er will, folglich auch bis in die Höll hinunter graben oder bis an den Himmel hinauf bauen"[136]. Das erinnert in der Anschaulichkeit an Johann Caspar Bluntschlis Formulierung im Zürcherischen Privatrechtlichen Gesetzbuch von 1856, es dürfe einer dem anderen nicht Sonne und Licht verbauen (§ . . .).

XI. Juristen lachen und werden belacht

Es gibt kaum einen akademischen Berufsstand neben den Theologen, dem so viele humoristische Bücher gewidmet wurden, wie jenem der Juristen. 1879 erschien in München „Der lustige Jurist. Heiteres in Wort und Bild aus dem Juristen-Leben", das in den letzten Jahren neu aufgelegt wurde. Erich Müller gab „Juristen-Witze" heraus (Wiesbaden 1982). Von Gottfried Heindl und Herberg Schambeck erschien das anspruchsvollere Buch „Prozesse sind ein Silberschweiß oder Juristen-Brevier" (Wien–Berlin 1979). Schon früher veröffentlichten Friedrich Karl Fromm „Juristen zerzaust und gezeichnet" (Düsseldorf 1959) und Eberhard Puntsch „Juristen lachen" (München 1970). „Lachen ohne Bewährung" enthält Juristenanekdoten, herausgegeben von Volker Meid (München–Zürich 1980). Theo Drewes gibt in 50 Beispielen „In 99 Minuten zum perfekten

---

[134] Nörr, S. 87.
[135] R. Piloty, Ein Jahrhundert bayerischer Staatsrechtsliteratur, in: Festgabe für Paul Laband, I, Tübingen 1908, S. 215. Auch zitiert bei H. Schlosser, Der Gesetzgeber Kreittmayr und die Aufklärung in Kurbayern, in: R. Bauer/ H. Schlosser (Hrsg.), Wiguläus Xaver Aloys Freiherr von Kreittmayr 1705–1790. Ein Leben für Recht, Staat und Politik, München 1991, S. 3.
[136] R. Eberle, Was früher in Bayern alles Recht war, Rosenheim 1976, S. 8.

Anwalt" einen heiteren Kurzlehrgang. Der Münsterer Professor Rolf
Stober bringt in seinem „Jus mit Jux" (Baden-Baden 2 1991) eine hübsche
Auswahl neuerer Entscheide und Betrachtungen zur Juristerei und führt
die Geringschätzung der Juristen auf ein Fehlverständnis vom juristischen
Beruf zurück[137]. Das Büchlein ist im Nomos-Verlag in Baden-Baden
erschienen, der mit den Büchern von Meinhard Heinze „Der ungeliebte
Jurist" (1981), Adriaan Pitlo „Der Floh im Recht und andere Curiosa aus
alter Rechtsliteratur" (1982), Rudolf Gerhardt „Von Mensch zu Mensch"
(1983) und „Von Zeit zu Zeit" (1985) und von Volker Wagner „Die Lust
am Prozeß" (1985) seine Produktion in dieser Richtung vorantrieb. Die
Frage „Über Unbeliebtheit und Beliebtheit von Juristen" (Köln 2 1987)
wurde auch von Harm Peter Westermann gestellt.

Bildliche und wörtliche Karikatur vereinen Veth „Der Advokat in der
Karikatur" (Berlin 1927), „Richter in Karikatur und Anekdote" (Köln
2 1992), Max Arnold Nentwig „Rechtsanwälte in Karikatur und Anekdote" (Köln 1978). Dem sind noch beizufügen die beiden Titel von Hans
Martin Schmidt und Walter Hanel „Juristen sind gar nicht so" (Köln
4 1979) und „Frauen haben immer Recht" (Köln 1986), sowie Walther
Keim „O Sancta Justitia".

Beliebt ist die Darstellung von Gerichtsfällen oder von Anekdoten aus
dem Gerichtssaal, wie z. B. die Bücher der Journalisten Christen Corina
und des Zeichners Paul Göttin „Angerichtet, Menschlich-kuriose
Gerichtsfälle" (3 Bände Basel 1990/91/92), von Karl Andreas Edlinger
„Fiat Justitia" (München 2 1986), Michael Gilbert „The Oxford Book of
Legal Anecdotes" (Oxford 2 1990), Alan Patrick Herbert „Rechtsfälle –
Linksfälle". „Juristische Phantasien (Göttingen 4 1984), Helmut Köhler
„Üb immer Treu und Redlichkeit. Vergnügliche Lebens-, Anstands- und
Sittenlehre deutscher Richter" (München 1987), Eduard von Seckendorff
„Der Civil-Process" (Frankfurt 1984). Otto Gritschneder (geb. 1914) war
Anwalt in München und erzählt 26 ergötzliche „Anwaltsgeschichten"
(München 1988), die der Verfasser selber als Anwalt erlebte und die daher
durch ihre „Tuchnähe" mit dem Verfasser einen besonderen Reiz haben.

Natürlich wird auch das Beamtentum aufs Korn genommen. Bezeichnend ist etwa Heinz Müller-Dietz „Lachen von Amtes wegen, Beamten-
anekdoten" (München 1987) und Rudolf Welser „Um 10 Schilling Hafter
für den Amtsschimmel" (Wien 1990). Vom letzteren stammen übrigens
auch die Bücher „Grammophon ist kein Vorname. Spitzentöne aus dem
Juristentrichter" (Wien 1985) und „Eier können nicht gefangen werden.
Prachtexemplare aus dem Juristen-Nest" (Wien 1987). Willy Peter ist
Gemeindeschreiber im Nebenamt und zwar einer zürcherischen Landge-

---

[137] S. 32, 35.

meinde von 570 Einwohnern und Bauer. Seine Tätigkeit als Gemeinde-
schreiber hat sich in Versen und humorvoller Prosa, aber auch in lustigen
Briefen an die Behörden niedergeschlagen. Der Verein Zürcherischer
Gemeindeschreiber und Verwaltungsbeamter gab diese unter dem Titel
„Unparagraphische Seitensprünge" (Wädenswil ²1985) heraus, und der
schweizerische Bundespräsident schrieb dazu ein Geleitwort[138].

Das juristische Wörterbuch kann auch ein fröhliches sein. Hansjörg
Staehle schrieb unter dem Titel „Juristerei. Ein fröhliches Wörterbuch für
Paragraphenfuchser und Schreibtischhengste" (München 1989) oder Ernst
Teubner „Teubners Satirisches Rechtswörterbuch" (Köln 1990). Ein von
Kofron hübsch illustrierter Zitatenschatz für Juristen „Vom Vergnügen,
recht zu haben" (Frankfurt M. 1992) bringt bissige und ironische Sprüche
auf die Juristerei, zusammengetragen von Ernst Günter Tange.

Die meisten dieser Bücher sind von Juristen geschrieben. Das zeigt, daß
der Jurist über sich selber lachen kann, vielleicht auch ein gewisses
Bedürfnis nach Humor im Juristenstand, aber ebenso, daß es tatsächlich
den Humor im Rechtsleben gibt. Es schadet nicht, wenn das auch
Verleger erkannt haben.

Man kann feststellen, daß damit eine eigene Literaturgattung entstan-
den ist. In ihr ist eigentlich alles vertreten: der anspruchslose und amüsie-
rende Witz, aber auch die verständnisvolle Betrachtung eines Berufsstan-
des. Sie kann auch eine gesellschaftspolitische und kritische Aufgabe
erfüllen, wenn sie das Überborden von Verwaltung und Justiz ins Visier
nimmt und zeigt, wohin die Woge der uns ständig erdrückenden Gesetz-
esflut führt. Bismarck hat das 1850 in einem Brief an einen Freund nicht
allzu sanft ausgedrückt: „Die Bürokratie ist krebsfräßig an Haupt und
Gliedern, nur ihr Magen ist gesund, und die Gesetzesexkremente, die sie
von sich gibt, sind der natürliche Dreck der Welt"[139]. Ein anderes Mal
bemerkte er: „Wenn Sie Gesetze und Würste mögen, dann sollten Sie
niemals bei der Herstellung von beiden zuschauen"[140]. Aber schon bei
Tacitus liest man: „Früher litten wir an Verbrechen, heute an Gesetzen."
Von Kurt Tucholsky stammt das Wort: „Der Mensch gönnt seiner
Gattung nichts, daher hat er Gesetze erfunden. Er darf nicht, also sollen
die anderen auch nicht"[141].

---

[138] Vgl. auch die Anekdoten des Zürcher Staatsschreibers und Dichters
Gottfried Keller (W. Baumann, Gottfried Keller Anekdoten, Zürich–München
1987, S. 57 ff.; A. Vögtlin, Gottfried-Keller-Anekdoten, Berlin ¹⁸1924, S. 83 f.,
130 ff., 137 f.
[139] Heindl/Schambeck, S. 56.
[140] E. G. Tange, Vom Vergnügen, Recht zu haben, Frankfurt a. M. 1992,
S. 35.
[141] Tange, S. 37.

Liest man heute gewisse juristische Dissertationen der Barockzeit, drängt sich in manchem der Vergleich auf mit der genannten neueren Literaturgattung. Ich denke zum Beispiel an Ahasverus Fritsch „De jure venopolii. Vom Weinschank-Recht" (Jena 1686) oder an Ferdinand Konstantin à Verhaer „De ventre illiusque jure. Vulgo Vom Hänssgen im Keller" (Tübingen 1718) oder die Dissertationen von Johann Friedrich Gerhard (Jena 1675) und Heinrich Zoben „Frommann zur Executio in effigie" (Tübingen 1677). Hier war es allerdings den Autoren bitter ernst, nicht aber dem Verfasser der anonym im 18. Jahrhundert erschienenen juristischen Abhandlung über die Flöhe, deren Urheberschaft längere Zeit Goethe zugeschrieben wurde, während sie in Wirklichkeit vom Marburger Professor Otto Philipp Zaunschliffer stammte[142]. Dessen Name hat sich nur auf Grund dieser Publikation bis heute in der Fachwelt erhalten, woraus der Schluß gezogen werden könnte, daß Humor gelehrte Jurisprudenz überflügeln und überdauern kann.

Zaunschliffers Opus stand nicht allein. Andere Juristen, die der Juristerei auch fröhliche Züge abgewannen, haben es ihm vor- oder nachgemacht, so A. M. Holtermann mit seiner „Disputatio de nequitia Advocatorum – von Tücken und Bubenstücken der Advokaten" (Marburg 1679), der Engländer Richard Brathwait mit dem Pseudonym Blasius Multibibus mit dem „Jus potandi" (London 1616), das als „Zech-Recht" in mehreren Auflagen im 17. Jahrhundert in Deutschland erschien; J. G. Fichtner „De cereo juris naso" (Norib. 1724) und J. F. Puchfellberger „Das Recht hat eine wächserne Nase" (Altdorf 1724) untersuchten, ob das Recht eine wächserne Nase habe, und Albert Spinetto schloß sich an mit der „Schnupftabaksdose vor die wächserne Nase des Juristen" (Frankfurt 1739) usw.[143].

Es gibt heute ähnliche Bücher, wenn man etwa die drei „Juristischen Gutachten" von Jörg-Michael Günther über die Fälle Max und Moritz, Stuwelpeter und Rotkäppchen nimmt[144].

Hier ist noch anzufügen, daß der deutsche Rechtsanwalt Kann 1898 versuchte, das damals neue Bürgerliche Gesetzbuch Deutschlands in

---

[142] Heindl/Schambeck, S. 14.
[143] Vgl. auch die heitere „juristische" Literatur zum Recht der Frauen bei C. Schott, Die vorzüglichen Rechte der deutschen Weibsbilder. Einführung und Erläuterungen, Frankfurt a. M. ²1975, S. 6.
[144] J.-M. Günther, Der Fall Max und Moritz. Juristisches Gutachten über die Umtriebe zweier jugendlicher Straftäter als Warnung für Eltern und Pädagogen (Frankfurt 1988); ders., Der Fall Struwelpeter: Juristisches Gutachten über Umtriebe von Kindern zur Warnung für aufsichtspflichtige Eltern und Pädagogen (Frankfurt 1989); ders., Der Fall Rotkäppchen. Juristisches Gutachten über die Umtriebe der sittenlosen Helden der Gebrüder Grimm zur Warnung für Eltern und Pädagogen (Frankfurt 1990).

Sprüche und Verse zu kleiden, während Georg Cohn (1845–1918), der an der Universität Zürich germanistische Rechtsgeschichte, Handelsrecht und Rechtsvergleichung vertrat, das deutsche bürgerliche Recht in vier Bänden unter Verwendung vieler alter Rechtssprichwörter in Verse faßte (1896–1900).

XII. Verkehrsrecht zum Lachen

Es gibt rechtliche Erlasse, die Tatbestände und Rechtsfolgen betreffen, die zu ihrer Zeit des Humorvollen entbehrten, die uns aber heute nach den veränderten Verhältnissen ein Lächeln entlocken. Die Materie ist die gleiche geblieben, aber die Umstände haben sich gewandelt. Das ist vor allem im Verkehrsrecht der Fall, wie folgende Beispiele zeigen.

Im Banntaiding zu Wörth aus dem 17. Jahrhundert ist eine Bestimmung zum Vorfahrtsrecht: Wo einer ein Faß Wein fährt und ein Fuder Mist ihm entgegenfährt, soll das Faß Wein dem Fuder Mist ausweichen; wo man aber ein Faß Wein und ein Fuder Mist fährt und man ein Fuder Kohlen in Gegenrichtung fährt, sollen beide, der Wein und der Mist, den Kohlen ausweichen[145]. Kreittmayr, Bayerns Gesetzesredaktor im 18. Jahrhundert, bemerkt zum Straßenverkehr, daß bei engem Wege derjenige in der Regel ausweichen soll, „welcher solches am leichtesten thun kann ... Pfarrer, Richter, Bürgermeister, Beamten glauben zwar auch, man müsse ihnen ausweichen, aber ohne genugsamen Grund"[146].

Die Landrechte der sieben Freien Hagen aus dem 18. Jahrhundert bestimmen: „Item. So jemand gefahren käme und einiges Vieh, das von rechts kommt, tot führe, der soll darum keine Not leiden; wenn es aber von links kam, so ist er schuldig es zu bezahlen"[147]. Wie schön ist die Rücksicht, die die Landrechte der sieben Freien (Niedersachsen) aus dem 18. Jahrhundert auf den Betrunkenen nehmen: „Item. Käme jemand mit einem Dungwagen mit fünf Pferden gefahren, dem ein betrunkener Mann begegnete, so soll jener den Wagen anhalten und ihn an sich vorbei gehen lassen, ihm gute Worte geben, und dann seine Strasse fahren"[148]. Einige Moselweistümer prägen dem ungeschickten oder angetrunkenen Knecht ein, beim Einfahren des Kornes darauf zu achten, daß er die Pfosten nicht „schrecke"[149].

Im Fährenrecht von Kuessenberg, Klettgau im Schwarzwald, aus dem

---

[145] Österreichische Weistümer, X, S. 139.
[146] Eberle, S. 188 f.
[147] Grimm, Weistümer, III, S. 68.
[148] Ebd., III, S. 70.
[149] Ebd., II, S. 534, 537, 545.

Jahre 1497 war der Kunde noch geachtet. Kommt nämlich jemand an die

Fähre, er wäre fremd oder einheimisch, soll er dreimal rufen; kommt der Fährmann nicht, kann er ins Wirtshaus gehen und auf des Fährmanns Kosten ein Maß Wein trinken und dann wieder hingehen und nochmals rufen; wenn der Fährmann wieder nicht kommt, darf er das gleiche tun, so lange bis der Fährmann ihn übersetzt. Was er aber so verzehrt hat, muß der Fährmann bezahlen[150].

Die Stadt Riga verbot 1412 Rennen mit den Pferden auf der Straße[151]. Auch Fahrerflucht kommt schon 1294 im Stadtrecht von Lübeck vor: Wer, weil er einen Wagen lenkt, jemanden verletzt, wird frei, wenn er mit seinem Eid erhärtet, daß es ohne seine Fahrlässigkeit und Arglist geschehen sei. Wagen und Pferde müssen den Schaden entgelten. Wäre es aber, daß derjenige, der den Wagen gelenkt hatte, flüchtig würde, so sind der Wagen und die Pferde frei; dann soll man ihn mittels Friedloslegung verfolgen um den Schaden, den die Sache erreicht[152].

Die Besteuerung besserer Wagen findet man schon früh. Die Stadträte von Alfeld beschlossen um 1467, daß jene Bürger, denen es gelüstete, mit eigenbereiften Wagenrädern zu fahren, jedes Jahr von jedem beschmiedeten Rade dem amtierenden Rat fünf Schilling zu erlegen hatten, unter Androhung einer Beugehaft im eigenen Hause bis zur Bezahlung[153].

Das Mißtrauen gegenüber dem Aufkommen des Automobils seit dem letzten Jahrhundert liefert uns heute manches Muster rechtlichen Humors. Dem zweiten Besitzer eines „Benzin-Motor-Wagens" in Wien wurde 1897 im „Polizei-Directions-Erlaß", der die Fahrerlaubnis erhielt, vorgeschrieben: „Der Lenker des Wagens hat auf die ihm entgegen kommenden Reit- und Wagenpferde zu achten, und wenn er ein Stutzig-werden derselben wahrnimmt mit der Fahrt solange einzuhalten, bis jede Gefahr beseitigt ist"[154].

Die Regierung des Kantons Wallis erließ am 1. Mai 1909 eine Verordnung „betreffend den Automobil- und Motorrad-Verkehr auf der Sim-plonstraße", welche die Schweiz im Süden mit Italien verbindet und über einen 2000 Meter hohen Paß führt. Wer die Straße befahren wollte, mußte sich auf zwei bestimmten Landjägerposten einschreiben lassen und zwar gegen eine Gebühr von Fr. 5.–. Die Fahrgeschwindigkeit war auf maximum 10 Kilometer in der Stunde beschränkt und bei Straßenbiegungen auf 3 Kilometer. „Beim Erreichen eines Straßenrankes haben die

---

[150] Ebd., V, S. 221.
[151] Ebel, S. 73.
[152] Ebel, S. 22 f.
[153] Ebel, S. 50. Die Besteuerung von mit Wein beladenen Wagen im Amt Cochem hängt mit dem Weinbann zusammen (C. Krämer / K.-H. Spiess, Ländliche Rechtsquellen aus dem kurtrierischen Amt Cochem, Stuttgart 1986, Nr. 57).
[154] Heindl/Schambeck, S. 106.

Motorfahrzeuge mittels des Horns Signale zu geben. Andere Signale sind verboten" (Art. 6). „Die Motorfahrzeuge haben immer, und insbesondere wenn ihnen Fußgänger, Vieh oder Fuhrwerke begegnen, die äußere Seite der Straße einzunehmen. Wenn Viehherden oder Pferde Scheu zeigen, so hat der Automobilist sein Fahrzeug oder sogar seinen Motor anzuhalten" (Art. 7).

XIII. Weinseligkeit

Eine Materie, die im Recht manchmal mit humoristischen Zügen verbunden ist, besonders in Weinbaugebieten, ist der Wein. Carl Zuckmayer jubelt bedächtig: „Lasse mer uns de Wein schmecke, liewe Leut. Er ist allzeit e Stückche Natur, e Stücke Kindstauf un Himmelfahrt."
Die Herren von Himmerode sollten den Schöffen einen Eimer „weißen guten einschmeckigen Weins" geben und zwar solchen, den die Herren selber trinken und „mögen den Wein bessern und nicht ärgern"[155]. Nach dem Weistum von Schwarzenheindorf schenkt man den Schöffen so lange ein, bis sie eine Taube von einer Krähe auf dem Dach nicht mehr unterscheiden können[156], und in Espach dürfen sie soviel trinken, daß zwei den dritten nicht mehr auf einen Wagen bringen[157]. Einem Hörigen, der sich zu Schifferstadt beim Ausschank des Bannweins übermäßig betrinkt, soll der Büttel einen Kranz aufsetzen und einen Stab in die Hand geben und ihn so heimführen[158]. Den Wirten wird anbedungen, daß ihnen „Kanne und Maß heilig" seien[159]. In den Weingegenden an der Mosel und am Oberrhein ließ die Herrschaft meist ein- oder zweimal im Jahr den sog. Bannwein verzapfen, und jeder Huber hatte dann das Recht, sich innert einer bestimmten angekündigten Frist ein Quantum Wein zu holen; ließ er diese Frist unbenutzt verstreichen, sollte ihm der Wein durch das Hühnerloch oder unter der Türschwelle her ins Haus geschüttet werden[160].
Hader im Trinkgelage wurde gleich beim Wein geschlichtet[161]. Trinkbräuche wurden zu Rechtsbräuchen. Anderseits wurde das sog. Zutrinken zum Gegenstand rechtlicher Erlasse, auch die Reichsgesetzgebung befaßte

---

[155] J. Grimm, Deutsche Rechtsaltertümer, II, Leipzig ⁴1899 (Nachdr. Darmstadt 1965), S. 508.
[156] Grimm, Weistümer, IV, S. 770.
[157] Grimm, Weistümer, I, S. 357.
[158] Grimm, Weistümer, V, S. 589.
[159] Grimm, Weistümer, II, S. 411.
[160] Thormann, S. 36.
[161] Grimm, Weistümer, II, S. 468 f. Vgl. zum Wein auch Grimm, Weistümer, I, S. 263 ff., 343, 498, 610, 614, 616.

sich zunehmend seit Ende des 15. Jahrhunderts auf verschiedenen Reichstagen mit dem Zutrinken[162].

Es gab Hoftrinkordnungen, die uns ein Lächeln abverlangen, aber auch Trinkregeln für Universitäten. Ein landesherrliches Reskript ermahnte 1562 die Fakultäten der Universität Tübingen, keine versoffenen Professoren zu wählen. Studenten wurden in Tübingen im 16. Jahrhundert erst dann mit Karzer bestraft, wenn sie sich „über beide Ohren vollgesoffen" hatten[163].

Konzilstexte, Ordensregeln, das Decretum Gratiani und andere Quellen berichten vom Kampf der Kirche gegen Trinksitten des Klerus[164], und manches davon entbehrt nicht scherzhaften Einschlags. Schließlich nahmen sich auch weltliche Rechtsquellen der Sache an, so z. B. ein Weistum in der österreichischen Herrschaft Windhag im Jahre 1553: Benimmt sich ein Priester unordentlich, soll ihm kein Gastwirt etwas zu trinken geben. Hingegen darf er einem friedsamen und ehrsamen Priester zwei Seidel Wein geben, und nicht mehr, damit er bei seinem Verstand bleibt und sein Amt wahrnehmen kann. Gibt ihm der Wirt mehr, wird dieser mit 72 Pfennig gebüßt[165]. Anderseits gehörten vielfach Weingüter zur Pfarrpfründe[166], waren den Geistlichen Weinzehnten zu liefern[167] und rückte der Wein unter die Stolgebühren und war z. B. auch als Gebühr für den Pfarrer für seine Assistenz bei der Eheschließung zu geben[168].

Ein ganzes Kapitel bilden die Weinstrafen, die oft in der Gemeinde oder in geselligem Kreis vertrunken wurden. In Weinbaugebieten, wie z. B. im Wallis, ist die Ehrverletzung „in einer Weinfiechte" im 16. und 17. Jahrhundert Strafausschließungs- oder -Milderungsgrund. In Form von Weinbußen wurde im Wallis das Ausplaudern aus dem Burgerrat geahndet, aber auch die Übertretung von Weide- und Alpvorschriften[169]. Letzteres ist auch in den Weistümern nicht selten. Nicht nur im dörflichen Bereich, sondern auch im städtischen, und dort vor allem in der Zunft, werden kleinere Vergehen in Forst, Feld, Wald und Weide und gegen die Zunft mit Weinbußen abgegolten und deren Vertrinken wird

---

[162] E. Lutz, Trinken und Zutrinken in der Rechtsgeschichte, in: Ferdinandina, zum sechzigsten Geburtstag von Ferdinand Elsener, Tübingen 1972, S. 56 ff.; G. Schreiber, Deutsche Weingeschichte, hrsg. v. N. Grass, Köln 1980, S. 376 ff.

[163] Lutz, S. 60 f.

[164] E. Seifert, Der Kampf um des Priesters Rausch, in: Ferdinandina, S. 81 ff.

[165] Österreichische Weistümer, XII, S. 635.

[166] Schreiber, S. 336 ff.; Grass (Anm. 85), S. 301 ff.

[167] Als Beispiele: L. Carlen, Der Wein im Oberwallis, Visp 1972, S. 28 f.

[168] Schreiber, S. 388.

[169] Carlen (Anm. 167), S. 30.

zum fröhlichen Fest. Der Schöffe aus dem unterfränkischen Dingolshausen, der sich beim Zehntgericht unsinnig betrunken hatte, mußte 1636 eine Weinbuße erlegen, und wer in Traben an der Mosel im 18. Jahrhundert auf dem Winzerfest lärmte, zahlte eine Strafkanne[170]. Im studentischen Burschenbrauchtum hat sich die Wein- und Bierstrafe bis heute erhalten[171]. Der Auswärtige, der nach dem Weistum zu Langenlonsheim aus dem 16. Jahrhundert gegen das entsprechende Verbot zum Wein ging, wenn die Gemeinde auf dem Rathaus versammelt war, mußte eine volle Flasche Wein zur Strafe geben[172].

Kam in der freien Reichsstadt Odernheim ein Ausgewiesener nach einem Jahr wieder, so sollte er auf einem Faß Wein rücklings sitzend vom Stadttor bis auf den Markt reiten; dort wurde das Faß angestochen und der Bürgerschaft zum Besten gegeben. Das Ende der Strafe ist hier wohl mit einem Hänselbrauch, auf den wir bereits hinwiesen, gegenüber dem sich neu Einkaufenden verbunden[173]. Hänselrechte scheinen übrigens teilweise aus durchaus ernsten Kellerordnungen hervorgegangen zu sein[174].

Ist das alles mit Scherz, Humor und Fröhlichkeit verbunden, kannte man bei Weinfälschung kein Pardon. Da trat die ganze Strenge des Strafrechts in Aktion, und mancherorts wurde der Fälscher unter dem Gesichtspunkt des Diebstahls behandelt[175], „pro latrone habeatur" heißt es im Stadtrecht von Freiburg i. U.[176]. Ein Wirt in Köln, der den Wein mit Beeren verfälscht hatte, traf eine spiegelnde Ehrenstrafe: er wurde mit einem Rosenkranz von Beeren um den Hals auf einem Faß zur Schau gestellt[177].

XIV. Spottende Kunst

Erwähnt sei hier noch die Darstellung des Weinpantschers am großen Fries des Westbaus der ehemaligen Abteikirche im elsässischen Andlau aus dem 12. Jahrhuner: Der Fälscher gießt Wasser in den Weineimer,

---

[170] Schreiber, S. 189.
[171] P. Krause, „O alte Burschenherrlichkeit". Die Studenten und ihr Brauchtum, Graz 1979, S. 56 ff., 142 ff., 146 f.
[172] Grimm, Weistümer, II, S. 155.
[173] E. von Künssberg, Rechtliche Volkskunde, Halle/Saale 1936, S. 60.
[174] Künssberg, S. 52; Fehr, S. 14, nach dem (wohl etwas zweifelhaft) „dämonische Vorstellungen" mit hineinspielen, „Weingeister, die in ihrer Ruhe nicht gestört werden durften".
[175] His, II, S. 306–309; E. Osenbrüggen, Das alamannische Strafrecht im deutschen Mittelalter, Schaffhausen 1860 (Neudr. Aalen 1968), S. 333–335.
[176] Stadtrecht Freiburg (Schweiz) § 85.
[177] His, II, S. 308.

und der auf einem Fasse reitende Teufel zieht ihn an einem um den Hals gebundenen Strick[178].

Damit ist das Thema „Kunst im Recht" angesprochen, das aber hier nur insofern zu behandeln ist, als es mit Humor oder Spott zusammenhängt. Beliebtes Thema ist der bestochene Richter. Es erscheint in Deutschland schon um 1460 in einer Handzeichnung zu Ulrich Boners „Edelstein": Ein Mann besticht den Richter mit einem Ochsen, ein anderer mit seinem Weib[179]. In den Holzschnitten aus Rodericus Zamorensis „Spiegel des menschlichen Lebens" (Augsburg 1479) sind Szenen des bestochenen Notars und des bestochenen Advokaten[180]. Im Totentanz von Hans Holbein in Basel im beginnenden 16. Jahrhundert entwindet der Tod dem Richter, der sich bestechen läßt, den Stab, das Zeichen der Gerichtsgewalt[181], und auf einem anderen Bild tritt er dem Fürsprech, dem ein Mann aus geöffneten Beutel Geld in die Hand drückt, auf den Fuß. Damit wird auch ein altes Symbol der Besitzergreifung oder beanspruchter Gewalt kund getan[182]. Es findet sich auch in anderen Totentanzbildern, so im Holzschnitt aus dem Heidelberger Totentanz Ende des 15. Jahrhunderts[183], fehlt aber in dem von Hans Holbein beeinflußten Totenbild des Fürsprechers von 1543, früher im Bischofspalais, jetzt im Rätischen Museum in Chur[184].

Dort, wo die Kunst im 16.–18. Jahrhundert sich ironisch mit dem Recht befaßt, spottet sie auch den Prozeßnarren aus, der einseitig die Lösung im „Verrechtlichen" sucht[185]. Das beginnt etwa 1494 mit einer Albrecht Dürer zugeschriebenen Allegorie aus Sebastian Brants „Narrenschiff", in welcher der Narr der Iustitia die Augen verbindet[186]. Mit Narrenkappen und verbundenen Augen erscheinen aber auch der Richter und sechs

---

[178] Abb. 9 bei W. Hotz, Handbuch der Kunstdenkmäler im Elsaß und in Lothringen, Darmstadt 1976.

[179] Dazu H. Fehr, Das Recht im Bilde, Erlenbach–Zürich 1923, S. 163, Abb. 212.

[180] F. Heinemann, Der Richter und die Rechtsgelehrten. Justiz in früherer Zeit, Leipzig 1900 (Neudr. 1979), Abb. 55 f.

[181] Vgl. N. Lieb / A. Stange, Holbein, München 1960.

[182] K. v. Amira / C. v. Schwerin, Rechtsarchäologie, Berlin-Dahlem 1943, S. 88; Grimm, Rechtsaltertümer, I, S. 196 f.

[183] Abb. bei M. A. Nentwig, Rechtsanwälte in Karikatur und Anekdote, Köln 1978, S. 15.

[184] E. Poeschel, Die Kunstdenkmäler des Kantons Graubünden, VII, Basel 1948, S. 222; H. Erb, Das Rätische Museum, ein Spiegel von Bündens Kultur und Geschichte, Chur 1979, S. 180 f.

[185] K. Seelmann, Relativierung von Recht und Gerechtigkeit, in: Pleiser/ Schild, S. 206 f.

[186] S. Brant, Das Narrenschiff, übertragen von H. A. Junghans, Stuttgart 1964, S. 257 ff.

Schöffen in einer Zeichnung 1510 im Druck der Bambergischen Peinlichen Halsgerichtsordnung[187].

Einen besonderen Höhepunkt erreicht die Kritik am Recht und an den Juristen in der Karikatur. Das Werk von Honoré Daumier (1808–1879) ist hierfür ein treffendes Beispiel[188]. Phantastisch und realistisch stellt er seine Charakterschilderungen in den Kampf gegen politische und soziale Ungerechtigkeit. Er schildert Richter und Advokaten, wobei er die Richter verachtet und die Advokaten haßt[189]. Auch andere Künstler haben den Mißbrauch der Rechtspflege gegeißelt. In Hannover, Göttingen, Tübingen und Mainz wurde 1980/81 eine Ausstellung zur Bildsatire in Frankreich 1930–1935 gezeigt[190]. Die Bilder zur Rechtspflege sind teilweise derart scharf und ausdrucksvoll, daß sie den Betrachter erschüttern. Sie müssen in ihrer Zeit, als der direkte Bezug bestand, beeindruckend und aufrüttelnd gewirkt haben.

Andere Künstler schelten in Tierfabeln und Tierphysognomik Juristen, Staat und Rechtsleben. Als Beispiel seien die Zeichnungen von Jean Ignace Grandville (1803–1847) genannt[191], besonders „Les métamorphoses du jour" von 1827, wo die Richter mit schlafenden Tierköpfen erscheinen, der Scheidungspfleger als geiler Bock, der plädierende Anwalt mit einem Vogelkopf, der dumme Esel als Prozeßnarr usw.[192].

Die satirische Zeichnung auf das Recht und seine Bewahrer ist auch heute nicht verschwunden, wie Bücher, die wir oben im Abschnitt XI erwähnten, zeigen. Beispiel dafür ist auch das Buch von Kurt Halbritter „Die freiheitlich rechtliche Grundordnung" (München–Wien 1985) mit seinen satirischen Skizzen zur Politik und treffenden kurzen Sätzen zu jeder Zeichnung[193].

Das Buch des amerikanischen Anwalts Bill Berger und seines Zeichners Ricardo Martinez „What to do with a Dead Lawyer?" (1988), das deutsch

---

[187] Heinemann, Abb. 76; Fehr, Abb. 206.

[188] Es gibt eine umfangreiche Literatur über Daumier. Vgl. die Bibliographie bei R. Passeron, Honoré Daumier und seine Zeit, Freiburg 1979, S. 329 f. – Zu Recht und Staat vgl. H. Daumier, Les gens de justice, Paris 1966, mit einer Auswahl von 43 für Daumier charakteristischen Bildern.

[189] H. Rothe, Daumier und die Justiz, Leipzig 1928, S. 4.

[190] La Caricature. Bildsatire in Frankreich 1830–1835 aus der Sammlung von Kritter, Göttingen 1980. Besonders eindrucksvoll die Abb. S. 19, 22, 53, 68, 134, 239.

[191] W. Pleister, Menschenrecht, Tierfabel und Tierphysiognomik, in: W. Pleiser / W. Schild, Recht und Gerechtigkeit im Spiegel der europäischen Kunst, Köln 1988, S. 172 ff.

[192] Vgl. J. Baltrusaitis, Imaginäre Realitäten. Fiktion und Illusion als produktive Kraft, Köln 1984, S. 50; L. Carlen, Der Mensch in bildlichen Darstellungen von Recht und Gerechtigkeit, in: Das Menschenbild im Recht. Festgabe der Rechtswissenschaftlichen Fakultät zur Hundertjahrfeier der Universität Freiburg, Freiburg i. U. 1990, S. 90 f.

[193] Auch von K. Halbritter, Jeder hat Recht, ²1978.

unter dem Titel „Was tun mit gebrauchten Juristen?" (Frankfurt a. M. 1990) erschien, enthält eher amerikanischen Humor. Köstlich sind die nach Aquarellen reproduzierten Bilder von „Recht viel Spaß" von Gerold Paulus (Oldenburg 1992). Das ist wirklicher und geistreicher Humor, der zum Lächeln und zum Lachen reizt.

XV. Conclusio

Bedeutende Juristen haben Humor und Scherz im Recht nachgespürt und als Quellen vor allem deutsche Weistümer beigezogen und in Scheinbußen und Scheinberechtigungen „Volkshumor" gesehen. Solcher erscheint auch in Narren- und Rügegerichten und im Hänselrecht. Sprichwörter haben schalkhafte Einschläge, wobei nicht immer leicht zu sagen ist, ob ihnen Juristen oder Bauernwitz zu Gevatter stand. Was beim Strafvollzug für manchen Zuschauer humorvoll war, berührte den Verurteilten peinlich.

Humor kann die Düsterheit des Gerichtssaals erhellen, wenn sich Richter, Advokat, Partei oder Zeuge seiner bedienen. Der Galgenhumor überwindet Tragik und Ernst. Der Universitätskarzer wurde zum fidelen Gefängnis.

Aus dem juristischen Hörsaal ist der Humor nicht verbannt und dosiert sich nach verschiedenen Professorentypen, in der juristischen Prüfung treibt er manche unfreiwillige Blüten.

Kritik an Juristerei und Juristen ist nicht neu. Die Römer kannten sie wie das Mittelalter, die Neuzeit und unsere Tage, und Juristen selber, aber auch prominente Geistesmänner und Schriftsteller schonten nicht mit Spott an den Wahrern des Rechts und ihrem Getue und vor allem am juristischen Tageskram. Der Geldbeutel ist dabei oft Stein des Anstoßes. Sage, Schwank und Volkswitz nehmen sich der Sache ebenfalls an, bald ulkig, bald fein, bald derb. Schließlich entsteht eine ganze Literaturgattung, die Recht mit viel Spaß und keckem Humor sieht.

Ein Beispiel für den Humor im Recht bieten die vielen Zeugnisse, die Zucht und Maß in Rebe und Wein bringen möchten, denn, so sagt Paul Claudel, „schließlich ist der Wein Symbol und Mittel sozialer Verbrüderung"[194]. Wie dem Heutigen unter gewandelten Verhältnissen der damalige Ernst des Rechts ein Lächeln entlockt, dafür ist das Verkehrsrecht ein treffliches Exempel.

Jahrhunderte hindurch bis heute haben Humor und Spott das Recht begleitet und ihm manch harten Stachel entrissen. Möge das auch in Zukunft so bleiben!

---

[194] L. Carlen, Der Wein im Oberwallis, Visp 1972, S. 14.

www.ingramcontent.com/pod-product-compliance
Lightning Source LLC
Chambersburg PA
CBHW050651190326
41458CB00008B/2517